FACULTÉ DE DROIT DE PARIS

THÈSE

POUR

LE DOCTORAT

DES DONATIONS ENTRE ÉPOUX

PENDANT

LE MARIAGE

EN DROIT ROMAIN ET EN DROIT FRANÇAIS

PAR

Fernand ROBILLARD

Avocat à la Cour d'appel de Paris.

PARIS

IMPRIMERIE GAUTHIER-VILLARS

55, QUAI DES GRANDS-AUGUSTINS, 55

1871

DES

DONATIONS ENTRE ÉPOUX

PENDANT LE MARIAGE

EN DROIT ROMAIN ET EN DROIT FRANÇAIS

THÈSE POUR LE DOCTORAT

PAR

FERNAND ROBILLARD

né à Abbeville (Somme)

AVOCAT A LA COUR D'APPEL DE PARIS

*L'acte public sur les matières ci-après sera présenté et soutenu
le lundi 6 juillet 1874, à 1 heure 1/2.*

Président : MM. COLMET DE SANTERRE, Professeur.

Suffragants :
VALETTE,
BONNIER,   Professeurs.
LABBÉ,
RENAULT,   Agrégé.

PARIS

IMPRIMERIE GAUTHIER-VILLARS

55, quai des Grands-Augustins, 55

1874

PREMIÈRE PARTIE

DROIT ROMAIN

DE DONATIONIBUS INTER VIRUM ET UXOREM

(Dig., lib. XXIV, tit. i.)

INTRODUCTION

Trois périodes sont à considérer dans la législation romaine relativement aux donations entre époux. Dans le droit primitif de Rome, ces libéralités étaient permises et même favorisées à certains égards ; vers la fin de la République, elles furent frappées d'une nullité radicale ; enfin, sous Septime Sévère et Antonin Caracalla, un sénatus-consulte vint décider que les donations entre époux, bien que nulles en elles-mêmes, seraient confirmées si le donateur mourait en persistant dans la volonté de donner.

Nous n'avons qu'un mot à dire sur la première période, avant d'exposer en détail les règles suivies pendant les deux autres; mais il importe de remarquer dès à présent qu'en parlant des donations entre époux, nous laissons tout à fait de côté le cas où la femme est *in manu mariti :* quand la femme est *in manu*, la donation est impossible en soi, car on ne saurait lui assigner aucun effet : la femme ne peut rien donner à son mari, puisqu'elle n'a rien à elle; de son côté, le mari ne peut rien donner à sa femme, car ce serait se donner à lui-même, puisque toute chose acquise par la femme appartient au mari.

Nous avons dit que, dans les premiers siècles de Rome, les donations entre époux étaient non-seulement permises, mais même plus favorisées que les donations ordinaires : en effet, les donations ordinaires n'étaient valables au delà d'une certaine somme qu'autant qu'elles avaient été *insinuées;* seules, certaines donations privilégiées étaient exemptées de cette formalité : or, aux termes de la loi Cincia, les donations entre époux étaient précisément au nombre de ces donations privilégiées. La loi Cincia est de l'an 550 de la fondation de Rome. (*Fragm. Vatic.*, p. 302.)

A quelle époque s'opéra la transformation? A quelle époque commença la prohibition des donations entre époux? Le changement n'eut pas lieu tout d'un coup par un acte législatif, mais peu à peu, par la force de la *coutume*, cette autre source du droit romain. Ulpien nous le dit dans la loi 1ʳᵉ *de Donat. int. vir. et uxor. : Moribus apud nos receptum est ne inter virum et uxorem donationes valerent. Mais* quand

la révolution fut-elle consommée? On ne saurait le dire
exactement; mais on peut conjecturer avec quelque vrai-
semblance qu'elle s'opéra vers la fin de la République ou
le commencement de l'Empire (1), c'est-à-dire au moment
où la répudiation et le divorce entrèrent dans les habitudes
des Romains, car, parmi les causes qui firent établir la
prohibition, Sextus Cæcilius cite notamment le danger que
l'un des époux n'arrachât des donations à la faiblesse de
l'autre en le menaçant de le répudier (L. 2 et 3 *de Don.
int. vir. et ux.*).

Pourtant, certains romanistes ont prétendu que la prohibition des libéralités entre époux remontait à une époque
antérieure à la loi Cincia, et que cette loi n'avait en vue
que les cas exceptionnels où les donations entre époux
étaient autorisées; mais les termes de la loi Cincia sont
trop formels pour qu'il soit possible d'admettre cette limitation, et d'ailleurs ces cas exceptionnels ont été évidemment apportés par des constitutions impériales, de beaucoup postérieures à la loi Cincia.

Quant aux motifs prohibition, les jurisconsultes
nous en montrent , , outre celui que nous avons
déjà cité : c'est d'abord la crainte que la donation ne soit
le résultat d'un amour irréfléchi : *Ne mutuato amore invicem
spoliarentur, donationibus non temperantes, sed profusa erga*

(1) Pellat, Comm. sur la dot, p. 356.

se facilitate (1). C'est ensuite la crainte qu'un époux avide n'abusât de la faiblesse de son conjoint pour s'enrichir à ses dépens. *Majores nostri inter virum et uxorem donationes prohibuerunt,* dit Caracalla dans son *oratio* au Sénat, *amorem honestum solis animis æstimantes, famæ etiam conjunctorum consulentes, ne concordia pretio conciliari videretur ; neve melior in paupertatem incideret, deterior ditior fieret* (L. 3).

Nous avons maintenant à rechercher quelles étaient les donations prohibées et quels étaient les effets de cette prohibition.

(1) L. 1 *de Don. int. vir. et ux.*

CHAPITRE PREMIER

DE LA PROHIBITION DES DONATIONS ENTRE ÉPOUX

SECTION I

De l'étendue de la prohibition.

Une donation n'était frappée de nullité qu'autant qu'elle était réellement faite *inter conjuges* : donc, toute donation faite soit avant le mariage contracté, soit après le mariage dissous, était parfaitement valable. Il est nécessaire, par conséquent, de bien préciser l'époque et de la formation et de la dissolution du mariage en droit romain.

I. Le mariage se contractait à Rome sans l'intervention de l'autorité (1) ; il n'y avait pas de cérémomies nécessaires à sa formation ; aussi n'est-on point d'accord sur la question de savoir à quel moment au juste le mariage était formé : pour les uns, le mariage était un contrat consensuel qui existait dès que les parties avaient exprimé leur volonté de se prendre pour mari et femme. Pour les autres, le mariage était, au contraire, un contrat réel qui n'était parfait que

(1) L. 22, C., *de Nuptiis*.

par la tradition de la femme au mari. Pour nous, nous adopterons une troisième opinion, suivant laquelle il suffisait, pour que le mariage existât, qu'à l'intention des parties se joignît la possibilité de la vie commune.

La validité d'une donation faite entre deux époux le jour de leur mariage dépendait donc du point de savoir si elle était antérieure ou postérieure au moment où ils avaient eu l'intention de commencer la vie commune. C'est ce qu'exprime, par un exemple, le jurisconsulte Scévola dans la loi 66, paragraphe 1, *de Donat. int. vir. et ux. : Virgini in hortos deductæ ante diem tertium quam ibi nuptiæ fierent, cum in separata diæta ab eo esset, die nuptiarum, priusquam ad eum transiret et priusquam aqua et igni acciperetur (id est nuptiæ celebrentur), obtulit decem aureos dono : quæsitum est, post nuptias contractas divortio facto, an summa donata repeti possit? respondit, id quod ante nuptias donatum proponeretur, non posse (de dote) deduci.*

II. Quant à la dissolution du mariage, elle s'opérait par divorce régulier, et les anciens époux, redevenus étrangers l'un à l'autre, pouvaient désormais se faire toutes les donations permises entre étrangers. Ces donations n'étaient pas annulées s'ils reprenaient plus tard la vie commune, quand même elles auraient été faites pour amener ce rapprochement, pourvu que le divorce eût été sérieux (1).

(1) L. 64, *eod. tit.*

Pour juger de la validité ou de la nullité d'une donation, il ne fallait pas considérer le moment où elle était contractée, mais celui où elle devait recevoir son exécution ; ainsi, la donation faite avant le mariage n'était pas valable si elle ne devait être exécutée qu'une fois le mariage contracté (L. 5, princip., *de Donat. int. vir. et ux.*).

D'un autre côté, la donation était permise quand elle ne devait recevoir son exécution qu'après la dissolution du mariage, bien qu'elle ait été contractée *durante matrimonio*. C'est même là une des raisons pour lesquelles la législation romaine permettait, comme nous le verrons bientôt, les donations entre époux *mortis causa* ou *divortii causa*.

Applicable seulement aux époux, la prohibition n'atteignait pas les libéralités faites entre parties unies non par le mariage, mais un lien d'un ordre inférieur, tel que le concubinat : c'est surtout la pureté et la dignité du mariage qu'on avait voulu préserver de toute atteinte ; il était naturel qu'on ne se préoccupât pas d'unions moins respectables. Aussi le jurisconsulte Papinien dit-il qu'on ne peut pas révoquer la donation qu'on a faite à sa concubine, quand bien même on viendrait plus tard à l'épouser (L. 31, pr., *de Donat.*, 39,5). Toutefois, on finit par comprendre que la liberté absolue des donations entre concubins pouvait entraîner de graves abus, et des constitutions successives vinrent mettre un frein à ces libéralités : c'est d'abord une constitution d'Honorius et Arcadius, qui décide que l'homme qui a des enfants issus de justes noces, ou qui, à défaut d'enfants, laisse son père ou sa mère, ne peut pas donner à sa concubine plus du douzième de ses biens (L. 2, C., *de Nat. lib.*); c'est ensuite une constitution de Valentinien et Gratien, qui décide que même celui qui ne laisse ni enfants, ni père ni mère, ne peut jamais donner à sa concubine plus du quart de ses biens.

Qu'arrivait-il lorsque le mariage que les parties avaient voulu contracter n'avait pu se former en raison de quelque empêchement légal? En principe, la donation faite après une telle union était valable, car il n'y avait pas proprement *donatio inter virum et uxorem* (1); mais, en fait, ce principe recevait de graves modifications : il fallait distinguer si la nullité du mariage résultait ou non d'une prohibition proprement dite. Supposons d'abord que l'empêchement ne constituait pas une véritable prohibition, mais résultait, par exemple, de la trop grande jeunesse de l'un ou l'autre des époux : dans ce cas, la donation était valable si les parties connaissaient l'empêchement au moment de la libéralité; s'ils l'ignoraient, la donation était encore valable lorsqu'il y avait eu des fiançailles : le mariage étant annulé, les fiançailles subsistaient seules, et la donation était regardée comme faite entre fiancés; mais quand il n'y avait pas eu fiançailles, la donation était nulle, parce qu'on l'envisageait

(1) L. 3, § 1.

alors comme une sorte de *datum ob causam*, révocable pour fausse cause : *Si sponsalia antecesserint, valet donatio : si minus, nulla est, quia non quasi ad extraneam sed quasi ad uxorem fecit* (L. 32, § 27).

Au contraire, si l'empêchement résultait d'une prohibition proprement dite, lorsque, par exemple, la fille d'un sénateur avait épousé un affranchi, la donation était toujours nulle, non par une suite directe de l'interdiction des donations entre époux, mais par cette considération qu'on ne saurait attribuer, quant à la validité de la donation, plus d'effet à un mariage prohibé qu'à un mariage licite (1). Mais alors l'époux donateur pouvait-il toujours reprendre la chose donnée? Non; il ne le pouvait que s'il était innocent de la violation de la prohibition. Dans ce cas, on lui accordait une action utile en revendication ; mais si la violation lui était imputable, on le regardait comme indigne de recouvrer sa chose, qui était alors attribuée au fisc.

Ce n'était pas seulement entre les époux eux-mêmes que les libéralités étaient interdites : la puissance paternelle était organisée à Rome de telle sorte que tous les biens d'une famille appartenaient au *pater familias*, pour le compte duquel acquéraient toutes les personnes placées sous sa puissance. La prohibition devait donc nécessairement s'étendre à tous ceux qui tenaient à l'un ou l'autre des

(1) L. 32, § 28.

conjoints par l'unité des biens. Ainsi, le père de la femme *in patria potestate*, les frères et sœurs placés sous la même autorité, ses esclaves mêmes, ne pouvaient ni recevoir une donation du mari, ni lui en faire une ; et, de même, le père du mari, ses frères et sœurs, ses esclaves, ne pouvaient rien recevoir de la femme ni rien lui donner (1). On allait plus loin encore, et les jurisconsultes décidaient que les agnats de l'un des époux ne pouvaient rien donner aux agnats de l'autre (2). C'étaient là des conséquences de ce principe que toutes les personnes soumises à la même puissance ne formaient, avec le *pater familias*, qu'une seule personne juridique ; mais dès qu'on était en dehors des cas d'application de ce principe, la prohibition tombait. Aussitôt donc que, par une émancipation, une personne cessait d'être l'agnat de l'un des époux, rien ne l'empêchait plus de faire une donation à l'autre époux.

Du reste, la création des pécules *castrens* et *quasi castrens* fit cesser, en partie, l'extension de la prohibition aux membres de la famille. Désormais, la mère et tous les parents *in eadem potestate* purent faire au fils une donation valable à son entrée soit dans l'armée, soit dans une fonction publique, cette donation devant échapper au père (3). Plus tard, après la création du pécule adventice,

(1) L. 3, § 2 et 3.
(2) L. 3, § 4.
(3) L. 3, *hoc tit.*

la mère put donner à son enfant *in potestate patris* la nue propriété de ses biens (1). On décidait même que si elle avait disposé en sa faveur d'une pleine propriété, cette donation, nulle quant à l'usufruit, qui aurait profité au mari, valait comme donation de nue propriété. Enfin, Justinien décida que le père de famille n'acquerrait plus, dans tous les cas, que l'usufruit des biens donnés à ses enfants en puissance : à partir de ce moment, les donations de nue propriété furent valables entre toutes autres personnes que les deux époux.

Les libéralités proprement dites n'étaient pas les seules interdites entre conjoints; la même prohibition s'appliquait aux libéralités indirectes, soit qu'elles fussent faites par personnes interposées (2), soit qu'elles fussent déguisées sous l'apparence de contrats à titre onéreux.

Il n'y avait en droit romain aucune présomption légale d'interposition de personnes; c'était toujours au donateur ou à ses héritiers à prouver l'interposition qu'ils alléguaient (3).

Les contrats à titre onéreux faits de bonne foi entre les époux étaient parfaitement permis à Rome, mais à la condition qu'ils ne couvriraient pas une infraction à la loi : ainsi, un mari pouvait vendre un de ses biens à sa femme ;

(1) L. 10, C., *hoc tit.*
(2) L. 3, § 9, *hoc tit.*
(3) L. 25, *de His quæ ut ind. auf.*

mais si la vente n'était pas faite sérieusement, si elle n'avait d'autre but que de dissimuler une donation, il n'y avait plus qu'un semblant de contrat, qui était frappé de nullité. Il en était de même soit de la transaction, soit du contrat de société, soit de tout autre contrat fait uniquement en vue de couvrir une libéralité prohibée. Si la vente était sérieuse et que le vendeur se fût borné à diminuer le prix en faveur de son conjoint acheteur, afin de le gratifier, la vente était valable : seulement l'époux vendeur pouvait exiger la portion du prix dont remise avait été faite par esprit de donation. Telle est, du moins, la distinction qui finit par prévaloir, mais Ulpien nous apprend que Julien était d'avis d'annuler toute vente faite entre époux au-dessous de la valeur réelle.

S'il avait été convenu que le vendeur ne serait pas garant en cas d'éviction, la vente était maintenue, mais la convention de non-garantie était annulée.

Une donation indirecte pouvait résulter de l'acte portant constitution de dot : il pouvait, en effet, y avoir estimation inexacte donnée sciemment aux biens dotaux, en vue de faire une donation à l'un ou à l'autre des deux époux ; on exagérait la valeur de ces biens quand le mari voulait gratifier sa femme, on l'abaissait quand c'était la femme qui voulait gratifier son mari. Lorsque cette estimation fausse était postérieure au mariage, elle était annulée sans difficulté, par suite de la prohibition des donations entre époux : les objets estimés conservaient leur caractère dotal, et le mari restait débiteur de corps certains, tandis qu'il aurait été débiteur d'une quantité si l'estimation avait été loyale. Il fallait décider de même, suivant Ulpien (L. 12, *de Jure dotali*), quand l'estimation était antérieure au mariage, parce que l'opération ne devant valoir que s'il y avait mariage, la donation ne pouvait produire son effet qu'une fois le mariage consommé : il y avait donc encore là une donation en faveur d'un conjoint, donation nulle par conséquent. C'est une déduction logique du principe ; elle peut paraître un peu sévère au premier abord, mais on en reconnaît la justesse si l'on réfléchit que le but de la prohibition n'était pas d'écarter des libéralités qui ne seraient pas l'expression d'une volonté bien libre, mais qu'il était aussi de réprimer les vues intéressées de ceux qui cherchaient un lucre dans le mariage.

Défense était faite au mari de restituer la dot durant le mariage, car une restitution anticipée n'aurait été qu'une véritable donation (1). Cette restitution était pourtant autorisée dans certains cas exceptionnels et dignes d'attention, par exemple pour subvenir aux besoins de la femme : *Ut se suosque alat, ut fundum idoneum emat, ut in exilium, aut in insulam relegato parenti præstet alimoniam, aut ut egentem virum, fratrem sororemve sustineat* (L. 21, § 1).

Enfin, il pouvait encore y avoir donation *par omission*, et

(1) L. 7, § 1, *de Jur. dot.*

cette sorte de donation était aussi comprise dans la prohibition entre époux. Ainsi, lorsque l'un des époux laissait volontairement s'éteindre par le non-usage la servitude qu'il avait sur le fonds de son conjoint, ou bien lorsqu'il négligeait d'agir contre lui en revendication pour que l'usucapion pût s'accomplir à son profit, cette omission, cachant une libéralité, donnait ouverture à une *condictio*, comme nous le verrons un peu plus loin, en étudiant la sanction de la prohibition.

Des donations non comprises dans la prohibition.

Pour achever de bien fixer l'étendue de la prohibition, il nous reste à parler des libéralités qui n'y étaient pas soumises, soit parce qu'elles ne devaient produire leur effet qu'à la dissolution du mariage, soit parce qu'elles ne remplissaient pas les deux caractères essentiels de la donation, appauvrissement du donateur et enrichissement du donataire, soit enfin parce qu'elles avaient une cause légitime ou qu'elles étaient de minime importance.

Nous n'avons à comprendre dans les libéralités permises ni la constitution de dot, ni la *donatio propter nuptias*, parce que c'étaient là vraiment des actes à titre onéreux à l'égard des époux. Les biens que la femme apportait en dot étaient considérés comme une compensation des charges du mariage que le mari devait supporter. La *donatio ante nuptias* faite par le mari constituait à l'origine une donation ordinaire

tombant sous l'application de la règle prohibitive des donations entre époux : elle devait donc nécessairement être
faite avant le mariage. Mais plus tard, la *donatio ante
nuptias* changea de caractère et devint la contre-partie de
la dot, et l'empereur Justin permit de l'augmenter comme
la dot pendant le mariage (1) ; Justinien alla plus loin et
décida qu'elle pourrait même être constituée pendant le mariage, et il remplaça le nom de *donatio ante nuptias* par celui
de *donatio propter nuptias* (2).

I. Les institutions d'héritier, les legs et les fidéicommis
ne devant produire d'effet qu'à une époque où le mariage
n'existerait plus, étaient en principe permis entre époux.
Cependant, pour une cause bien différente de la prohibition
générale, ces libéralités ne furent longtemps autorisées que
dans des limites fort étroites.

Deux lois célèbres rendues sous Auguste, les lois Julia et
Papia Poppæa, ayant pour but d'encourager au mariage et
à la procréation des enfants, frappèrent le célibat ou les
unions stériles de la perte totale ou partielle des libéralités
testamentaires : les *cælibes* ne purent plus rien acquérir à
titre de succession, et les *orbi* moitié seulement de ce qui leur
était donné. Les époux furent traités encore plus rigoureusement : les lois Julia et Papia Poppæa limitèrent à un

(1) L. 19, C., *de Don. ante. nupt.*
(2) L. 20, C., *cod. tit.*

dizième en propriété, plus un tiers en usufruit, ce qu'un conjoint pourrait recevoir sur la succession de son conjoint, et cette restriction du *jus capiendi* fut étendue aux donations à cause de mort (**L. 35,** *de Mort. causa donat.*) ; seulement, cette quotité disponible entre époux était susceptible de s'accroître et d'arriver même, en certains cas, jusqu'au *solidum :* ainsi, par exemple, chaque conjoint pouvait prendre en plus autant de dixièmes qu'il avait d'enfants issus de précédents mariages (Ulpien, reg. 15), ou même qu'il avait eu d'enfants communs morts *ante nominum diem.* Les époux avaient la *solidi capacitas* lorsqu'ils étaient cognats jusqu'au sixième degré ou qu'ils n'avaient pas encore l'âge à partir duquel la loi exigeait des enfants, lorsque le donataire survivant restait avec neuf enfants d'un précédent lit ou avec un enfant commun, lorsqu'il avait perdu un enfant commun mort pubère ou deux enfants communs âgés de trois ans au moins, etc. D'un autre côté, les lois Julia et Papia Poppæa frappaient d'une incapacité absolue de recevoir l'un de l'autre les époux qui s'étaient mariés contrairement à leurs prescriptions. Ainsi, l'homme d'une condition honorable qui avait épousé une femme notée d'infamie ne pouvait rien lui donner ni rien recevoir d'elle.

Les lois décimaires survécurent aux lois caducaires, dont elles faisaient partie ; elles ne furent abolies que par Honorius et Théodose II (**L.2,** au Code, *de Inf. pæn. cœl. et decim.*).

II. La prohibition ne s'appliquait pas aux donations à cause de mort, qui, révocables à volonté, ne présentaient pas les mêmes dangers que les donations entre-vifs et qui d'ailleurs n'étaient destinées à produire leur entier effet qu'après la dissolution du mariage (1). Toutefois, les donations *mortis causa* précédemment faites étaient révoquées de plein droit en cas de divorce, à moins que le disposant n'ait manifesté la volonté de les maintenir. En tout cas, elles n'étaient valables qu'à la condition que la propriété des choses données restât pendant le mariage entre les mains du donateur. Il était pourtant fort important de savoir quelle avait été son intention, car tout en décidant que la translation de la propriété ne pourrait se produire qu'à la dissolution du mariage, les jurisconsultes disaient qu'une fois arrivé le prédécès du donateur, cette translation devait rétroagir au jour même de la tradition, afin que le donataire fût censé avoir été propriétaire depuis cette époque, si telle avait été la volonté du donateur (2).

Ainsi, un mari donne à sa femme un esclave *mortis causa;* cet esclave, durant le mariage, recueille une succession; la femme en profitera-t-elle? Elle n'en profitera que si elle survit à son mari et que celui-ci ait entendu faire rétroagir le transfert de la propriété au jour même de la donation.

(1) L. 10, *hoc tit.*
(2) L. 11, § 2 et suiv.

III. Les donations *mortis causa* précédemment faites étaient révoquées de plein droit en cas de divorce (1), à moins de volonté contraire exprimée par le disposant : nous voyons cependant que la jurisprudence autorisait les donations entre époux *divortii causa* (2) ; c'est que si le plus souvent le divorce avait pour cause la mésintelligence des deux époux, il pouvait aussi arriver qu'il eût lieu *bona gratia*, soit parce que la femme était stérile, soit parce que le mari voulait entrer dans le sacerdoce ou même dans l'état militaire : il était juste qu'en pareilles circonstances l'époux qui divorçait pût laisser à son conjoint un témoignage d'affection, et il n'était pas à craindre qu'il le fît inconsidérément. Du reste, le mariage étant dissous par le divorce aussi bien que par la mort, la donation, qui ne produisait son effet qu'une fois le divorce effectué, devait nécessairement être à l'abri de la prohibition. Mais une telle donation devait être faite au moment même du divorce et non à l'avance, en prévision d'un divorce futur (L. 12).

IV. Les libéralités entre époux étaient encore valables lorsqu'elles étaient faites *exilii causa*. Paul nous le dit dans la loi 43 *de Don. int. vir. et ux. : Inter virum et uxorem exilii causa donatio fieri potest.* Ainsi, l'époux condamné à la déportation ou à l'exil pouvait recevoir de son conjoint

(1) L. 11, § 10.
(2) L. 11, § 11.

une libéralité qui l'aidât à subsister. Cette sorte de donation ne pouvait évidemment rentrer dans la prohibition ; il est vrai que la déportation de l'un des époux ne dissolvait pas le mariage quand l'époux innocent voulait le faire durer : mais le déporté perdait le droit de cité ; son mariage étant alors destitué des effets civils, on ne pouvait plus y appliquer la règle prohibitive des donations entre époux, règle rentrant assurément dans le *jus civile*.

Mais l'époux condamné pouvait-il aussi faire une donation à son conjoint? Tous ses biens étant confisqués (1), le condamné devait se trouver dans l'impossibilité de rien donner; toutefois, la question est controversée. Selon Pothier, il y avait une exception aux droits du fisc en faveur des donations au conjoint, mais nous ne trouvons en ce sens aucun texte bien formel. Une constitution de Constantin vint seulement décider que les donations à cause de mort entre époux ne seraient pas atteintes par l'effet de la déportation qu'aurait subie dans la suite le donateur (2) : ce n'est probablement que dans cette mesure, et seulement à la date de cette constitution, que furent sacrifiés les droits du fisc, et M. Machelard fait justement remarquer que le fragment de la loi 13, au Dig., *de Don. int. vir. et ux.*, qui semble conçu dans le sens du système de Pothier, a dû être remanié par Tribo-

(1) L. 1, *de Bon. damn.* (48, 20).
(2) L. 21, *C., hoc tit.*

nien pour le mettre d'accord avec la constitution de Constantin.

V. D'après l'esprit et les motifs de la prohibition, il est clair que les actes qui n'appauvrissaient pas le donateur, s'ils constituaient de véritables libéralités, n'étaient pas du moins prohibés entre époux. Or, au point de vue des jurisconsultes romains, il n'y avait pas appauvrissement du donateur toutes les fois que celui-ci négligeait de s'enrichir sans sacrifier un droit acquis. De là on concluait qu'un mari institué héritier pouvait répudier l'hérédité, afin d'en faire profiter sa femme, qui lui était substituée ou qui était l'héri·tière *ab intestat* du *de cujus*. Il n'y avait pas non plus de donation prohibée quand un époux déterminait un testateur à transférer à son conjoint le legs ou l'hérédité qu'il lui destinait à lui-même, ou quand un époux, grevé d'un fidéicommis au profit de son conjoint, restituait toute l'hérédité sans retenir la portion que lui assurait le sénatus-consulte pégasien.

Lorsque, durant le mariage, un mari donnait à sa femme une *res aliena*, la femme avait dès le moment de la tradition une *justa causa* qui lui permettait d'acquérir par usucapion la propriété de cette *res*, parce qu'il n'y avait pas appauvrissement de la part du donateur; toutefois, certains jurisconsultes n'admettaient cette solution que dans le cas où le donateur n'aurait pas pu usucaper lui-même.

Enfin, l'on considérait la remise d'un droit de gage faite par le créancier au débiteur comme ne constituant pas une véritable donation, parce que, disait-on, la créance subsistant toujours, les biens du créancier n'étaient pas diminués (L. 1, § 1, *Quib. mod. pign.*, 20, 6). Aussi cette remise était-elle valable entre époux. Il est vrai que la femme ne pouvait pas renoncer au droit de gage que la loi lui donnait pour ses répétitions dotales; mais cela résultait non pas de la prohibition des donations, mais de cette règle que, en matière de biens dotaux, la femme ne pouvait pas en contractant rendre sa condition pire.

VI. Pour qu'une libéralité fût prohibée, il ne suffisait pas qu'il y eût appauvrissement du donateur, il fallait qu'à cet appauvrissement vînt se joindre l'enrichissement du donataire. En conséquence, on décidait qu'un époux pouvait valablement donner à son conjoint un terrain pour servir de sépulture soit au donataire lui-même, soit à l'un de ses parents (1); le conjoint n'était pas enrichi par cette donation, puisque le terrain donné devenait religieux et par suite *res nullius*. Mais, de peur que l'on n'éludât la prohibition, la transmission de la propriété était suspendue tant que le terrain n'avait pas reçu sa destination, parce que ce n'était qu'à ce moment qu'il devenait religieux. En vain

(1) L. 5, § 9.

objecterait-on qu'il y avait enrichissement, parce que, sans la donation, le conjoint aurait acheté un terrain de ses deniers. Ulpien répond qu'on ne peut pas dire qu'il y a enrichissement par cela seul qu'une dépense a été évitée (L. 5, § 8 et 9, *de Præscr. verb.*); mais il faut convenir qu'il y avait là une faveur attachée à la qualité des personnes, car, dans d'autres cas analogues, on décidait tout autrement.

Par suite des mêmes raisons, on reconnaissait la validité des libéralités dont le montant devait être employé à un service divin, *ad oblationem Dei,* ou dans un intérêt public, *ad operis publici ædificationem* (1).

Quand un esclave était donné par l'un des époux à l'autre *manumissionis causa,* cette donation était valable, même si l'affranchissement ne devait avoir lieu qu'au bout d'un certain temps (2). Dans ce cas, il est vrai, le donataire profitait des services de l'esclave jusqu'au moment de l'affranchissement, mais cela ne constituait pas une donation prohibée : l'époux donateur restait propriétaire jusqu'au moment de l'affranchissement, et jamais on ne regardait comme une donation l'usage que faisait un époux d'un esclave appartenant à son conjoint. Sans doute le donataire *manumissor* acquérait, dans tous les cas, les droits de patronage; mais ces droits n'avaient pas une valeur vénale et ne constituaient pas un bien proprement dit. Si, en retour de l'af-

(1) L. 5, § 12.
(2) L. 7, § 8.

franchissement, l'esclave avait payé une certaine somme ou promis certains services, ces avantages avaient bien une valeur vénale; mais, ne sortant pas du patrimoine du donateur, ils ne constituaient pas encore une donation (à moins que l'argent payé ne provînt du pécule, auquel cas le donateur pouvait le réclamer).

La femme pouvait donner à son mari les sommes nécessaires pour le mettre en état d'acquérir certains droits honorifiques, comme le cens de chevalier ou de sénateur, ou pour fournir aux dépenses des jeux publics attachés à certaines magistratures (1). La femme pouvait également recevoir de son mari une somme d'argent pour aider un de ses parents à arriver aux fonctions publiques : une constitution de l'empereur Antonin valida expressément les donations ainsi faites *honoris causa.*

Du reste, le jurisconsulte Paul fait observer qu'il ne faut pas appliquer avec trop de rigueur la règle prohibitive des donations entre époux, mais qu'il faut l'interpréter avec la plus grande modération : *Et sane non amare nec tanquam inter infestos jus prohibitæ donationis tractandum est; sed ut inter conjunctos maximo affectu et solam inopiam timentes* (L. 28, § 2). C'est ainsi que, si l'un des époux avait été victime d'un incendie, on permettait à son conjoint de lui donner la somme nécessaire pour opérer la reconstruction.

(1) L. 42, *hoc tit.*

Vu leur peu d'importance, on permettait également les présents qu'il était d'usage de faire aux calendes de mars ou aux anniversaires de naissance.

La donation était encore licite, pour la même raison, quand il ne s'agissait que du simple usage des choses appartenant à l'un des conjoints, concédé gratuitement à l'autre : *Si vir uxoris aut uxor viri servis aut vestimentis usus vel usa fuerit, vel in ædibus ejus gratis habitaverit, valet donatio* (L. 18). Le mari payait-il à sa femme, avant l'échéance, la dette dont il était tenu envers elle, ce payement anticipé était encore valable : il y avait bien dans cet acte une libéralité, mais une libéralité permise.

Mais faut-il admettre que la prohibition n'était jamais applicable aux donations ne portant que sur les revenus ? Ulpien, dans la loi 17, pr., de notre titre, paraît bien aller jusque-là ; mais Marcellus, dans la loi 49, au même titre, professe une doctrine absolument contraire, et enfin Pomponius (L. 45, *de Usuris*) établit une distinction entre les fruits industriels et les fruits naturels : il accorde les premiers au conjoint donataire, mais il lui refuse les autres. Il n'y a pas à essayer de concilier ces trois textes, qui prouvent que la question divisait les jurisconsultes romains ; mais tous étaient d'accord pour défendre au mari la restitution anticipée de la dot et l'abandon à la femme de la jouissance des revenus des biens dotaux : c'était une conséquence, non point de la règle prohibitive des donations entre époux, mais de cette autre règle qui défendait de détourner aucune partie de la dot de sa destination : les revenus devaient rester affectés, aussi bien que le capital, à l'acquittement des charges du mariage.

SECTION II

Des effets de la prohibition.

Hormis les cas exceptionnels que nous venons de parcourir, les donations faites entre époux malgré la prohibition étaient frappées d'une nullité absolue; le donateur n'avait pas besoin, pour les révoquer, de recourir à une exception. *Ipso jure nihil valet quod actum est*, dit Ulpien dans la loi 3, § 10. Ainsi, le donateur livrait-il à son conjoint une chose corporelle, lui faisait-il une promesse ou une *acceptilatio*, essayait-il même de tourner la prohibition par des moyens indirects, ni la tradition, ni la stipulation, ni les voies détournées ne produisaient d'effet. Mais occupons-nous successivement des différents modes de libéralités.

1. *Des donations par tradition.* — La tradition faite *donationis causa* par un époux à son conjoint était impuissante à transférer la propriété; le donataire n'acquérait même pas la *possessio civilis* nécessaire pour arriver à l'usucapion; mais, possesseur de fait, il avait seulement droit aux inter-

dits possessoires (1). Le donateur étant resté propriétaire
des choses données, pouvait les revendiquer contre son conjoint tant qu'elles existaient en nature entre ses mains (2).
Si un époux avait employé à construire un bâtiment les
matériaux que son conjoint lui avait livrés *donationis causa*,
ces matériaux pouvaient-ils encore être revendiqués ? Nératius pensait que le donateur pouvait les faire détacher
par l'action *ad exhibendum*, pour les revendiquer ensuite,
malgré la loi des Douze Tables (*Ne lignum junctum ædibus
solvito*), parce que, disait-il, les décemvirs n'avaient pas dû
penser au cas où les constructions seraient faites du consentement du propriétaire des matériaux. Mais si la loi des
Douze Tables refusait la revendication au propriétaire dé-
pouillé à son insu, à bien plus forte raison devait-on la
refuser au propriétaire qui avait sciemment laissé faire la
construction : c'est ce que Paul a parfaitement compris ;
aussi refusait-il au donateur et la revendication et même
l'action au double de *ligno juncto* (L. 63) ; mais il lui accordait probablement, quoiqu'il n'en dise rien, une *condictio*
jusqu'à concurrence de l'enrichissement du donataire.

Le donateur étant resté propriétaire, devait profiter de
toutes les améliorations, à la condition toutefois de rem-
bourser au donataire, comme à un possesseur de bonne foi,

(1) L. 1, § 4, *de Adq. Poss.* (41, 2).
(2) L. 1, § 2, *Pro Donat.* (41, 6).

toutes les dépenses utiles faites sur la chose donnée (1).
Ainsi, un mari qui avait donné à sa femme un terrain sur
lequel elle avait bâti plus tard, pouvait le revendiquer avec
le bâtiment, mais en lui payant ses dépenses utiles, parce
que si elle avait construit sans droit, elle l'avait fait du moins
sciente et volente domino. D'un autre côté, le donateur devait supporter les détériorations subies par la chose donnée :
si cette chose venait à périr, c'était lui qui en souffrait,
puisqu'il en était le propriétaire, à moins que la perte ne
résultât du dol du donataire. S'il y avait eu dol, le donateur pouvait se faire indemniser au moyen des actions *ad
exhibendum et damni injuriæ.* A partir de la *litis contestatio,*
le donataire ne pouvant plus arguer de sa bonne foi, répon-
dait même des cas fortuits, comme le débiteur *in mora* (2).

Les fruits et intérêts des choses données devaient-ils
aussi être restitués? Cette question était discutée entre
Ulpien, Marcellus et Pomponius, de même que la question
de validité des donations directes de fruits et intérêts entre
conjoints. En tout cas, le donataire devait toujours restituer
les fruits et intérêts perçus depuis la *litis contestatio* (L. 16,
pr., *de Rei vindic.*).

Au lieu de revendiquer la chose donnée, le donateur pouvait toujours se borner à en réclamer la valeur ; et il était

(1) L. 31, § 2.
(2) L. 40, *de Hered. pet.*

alors tenu de s'obliger envers le donataire à la garantie en cas d'éviction ; mais la caution n'était ici donnée qu'au simple. L'estimation était faite par le juge lui-même.

Le donateur pouvait diriger son action en revendication contre tout détenteur ; en vain le donataire avait-il vendu à un tiers la chose donnée, cette vente n'avait pas pu dépouiller le donateur de son droit de propriété. Mais au lieu d'employer la revendication contre le tiers acquéreur, le donateur pouvait poursuivre son conjoint par la voie de la *condictio*.

Une *condictio* était ainsi donnée contre le donataire dans tous les cas où la revendication n'était pas possible contre lui : on l'appelait *condictio sine causa dati* (L. 5 et 6). Cette action était surtout employée dans le cas où l'objet de la donation consistait en une somme d'argent ; dès que les écus donnés avaient été confondus avec ceux du donataire, la revendication était impossible ; alors une condiction était donnée pour le montant de cette somme, à moins que le donataire ne prouvât qu'il n'en avait tiré que peu ou point de profit, auquel cas la *condictio* était restreinte ou tout à fait perdue. Si, avec l'argent ou les choses données, le donataire avait acquis des choses encore existantes, ces dernières n'appartenaient pas au donateur, qui avait seulement une *condictio* dans la mesure de leur valeur au moment de la litiscontestation, à la condition que leur valeur ne dépassât pas le montant de la donation : mis en possession par son conjoint, le donataire avait été autorisé à employer à son gré la chose donnée : s'il en avait tiré un bon parti, il ne devait pas être privé du bénéfice ; s'il n'avait pas réussi, la donation ne devait pas être pour lui une cause de perte. Ainsi, avec les dix que lui a donnés son mari, une femme a acheté un esclave; si cet esclave ne vaut que cinq, le mari ne peut réclamer que cinq ; si l'esclave vaut quinze, le mari ne peut réclamer que dix, c'est-à-dire ce qu'il a donné (1). — Toutefois, si le donataire était devenu insolvable, on accordait au donateur une *rei vindicatio utilis*, à l'effet de réclamer, comme s'il en était propriétaire, les objets acquis par son conjoint en échange des choses données, de manière à échapper au concours avec les autres créanciers (2). Si la chose ainsi revendiquée utilement avait une valeur supérieure à celle de la chose donnée, le donateur devait tenir compte de l'excédant.

Lorsque le donateur avait acheté une chose partie avec son argent propre, partie avec celui donné par son conjoint, et que cette chose avait ensuite diminué de valeur, la perte devait être supportée par les deux époux proportionnellement à la part que chacun d'eux avait fourni dans le prix.

Si le mari dissipait une somme donnée par sa femme, il n'était pas tenu de la rendre, puisqu'il n'était pas enrichi.

(1) L. 28, § 3, *hoc tit.*
(2) L. 55, *hoc tit.*

S'il donnait ensuite pareille somme à la femme, elle aurait dû être tenue de la rendre, puisqu'elle se trouvait enrichie : et cependant on écartait ici la restitution, par suite d'une sorte de compensation avec le don réciproque, bien que celui-ci ne fût pas susceptible de restitution.

Outre la *condictio sine causa dati*, la femme donatrice pouvait employer, pour le recouvrement des choses par elles données, l'action *rei uxoriæ*, action applicable à tout ce qui lui était dû par son mari, à quelque titre que ce fût ; mais la condiction étant de droit strict et amenant une condamnation *in solidum*, lui était beaucoup plus utile que l'action *rei uxoriæ*, qui ne soumettait le mari qu'à une condamnation tempérée par l'application du bénéfice de compétence.

De son côté, le mari, après la dissolution du mariage, quand on lui réclamait la dot, pouvait la retenir à titre de gage, tant qu'on ne lui avait pas restitué les dons reçus par la femme (1). Mais Justinien supprima la rétention *propter res donatas*, comme toutes les autres.

II. *Donations par promesse ou acceptilation.* — Si la donation consistait en une promesse sur stipulation, cette promesse était radicalement nulle ; si le donataire voulait en exiger l'exécution, le donataire pouvait se défendre *ipso*

(1) Ulpien, reg. VI, § 9.

jure sans avoir à invoquer une exception. De même, si la donation résultait de la remise d'une dette, telle qu'une *acceptilatio* ou un pacte *de non petendo*, cet acte était nul, et la dette continuait de subsister. Un mari a pour débiteurs *correi* sa femme et Titius (1) ; il fait *acceptilatio* avec sa femme : cet acte n'étant pas valable, ni l'un ni l'autre des deux débiteurs n'est libéré ; s'il fait au contraire acceptilation avec Titius, celui-ci est bien libéré de son obligation, mais la femme reste tenue, bien qu'en règle générale l'*acceptilatio*, comme le payement, libère sans distinction tous les débiteurs de la même dette. Voët explique cette exception en disant que dans ce second cas l'acceptilation est encore nulle, mais qu'elle contient implicitement au profit de Titius un pacte *de non petendo* qui produit un effet tout personnel dont ne peut se prévaloir la femme.

III. *Donations indirectes.* — Nous avons déjà vu que la prohibition s'étendait aux donations indirectes : il nous reste à indiquer la sanction de la prohibition à l'égard de ces libéralités.

1° Occupons-nous d'abord des donations déguisées sous l'apparence de contrats à titre onéreux. Le contrat de vente était permis entre époux, avons-nous dit, à la condition qu'il

(1) L. 5, § 1, *hoc tit.*

ne servit pas de voile à une infraction de la loi. Lorsqu'une vente cachait une libéralité, elle donnait ouverture, au profit du donateur, soit à une *rei vindicatio*, soit à une *condictio*. Si le vendeur n'avait pas eu l'intention de faire une vente véritable, s'il n'avait eu recours à ce contrat que pour réaliser une donation, il n'y avait en réalité qu'un semblant de vente, qui était frappé de nullité : le vendeur pouvait revendiquer sa chose s'il l'avait livrée.

Mais en était-il de même si la vente était sérieuse et que le vendeur se fût borné à diminuer le prix en faveur de son conjoint acheteur dans le but de le gratifier? Ulpien nous apprend que Julien était d'avis d'annuler toute vente faite entre époux au-dessous de la valeur réelle (*L.* 5, § 5); mais Nératius, dont la doctrine, approuvée par Pomponius, avait fini par prévaloir, pensait, au contraire, qu'en pareil cas la vente était valable, que seulement l'époux vendeur pouvait réclamer, au moyen d'une *condictio*, une somme équivalente à ce dont s'était enrichi son conjoint grâce à la diminution du prix par esprit de donation.

Si une vente sérieuse et faite *justo pretio* était suivie d'un pacte *de non petendo*, la vente restait valable, mais le pacte était sans effet. S'il avait été convenu que le vendeur ne serait pas garant en cas d'éviction, la vente était encore maintenue, mais la convention de non-garantie était annulée (L. 31, § 4, *hoc tit.*).

Au lieu d'une vente, les époux, pour déguiser une donation, pouvaient employer tout autre contrat à titre onéreux, comme par exemple une transaction, un contrat de société, un contrat de louage : tous ces contrats, toutes les fois qu'ils n'étaient faits que pour masquer une libéralité, étaient entièrement nuls. Ulpien, dans la loi 32, § 24, prévoit spécialement le cas où les époux ont fait semblant de former une société, et il dit : *Si inter virum et uxorem societas donationis causa contracta sit, jure vulgato nulla est;... idcirco pro socio actio non erit, quia nulla societas est quæ donationis causa interponitur.*

2° *Des donations par omission.* — Nous avons déjà vu qu'une simple omission pouvait quelquefois constituer une véritable libéralité. Nous avons maintenant à examiner la sanction de la prohibition dans les libéralités de cette espèce.

Quand un mari ayant un droit de servitude sur un immeuble appartenant à sa femme, le laissait volontairement éteindre par le non-usage, la femme se trouvait enrichie par cette omission de toute la valeur de la servitude : malgré cette donation déguisée, le non-usage produisait tout son effet juridique ; mais l'époux donateur avait une *condictio* pour réclamer le rétablissement de la servitude ou le payement de sa valeur : *Si donationis causa vir vel uxor servitute non utatur, puto amitti servitutem, verum post divortium condici posse* (L. 5, § 6).

Lorsqu'un époux demandeur contre son conjoint laissait

volontairement repousser son action par une exception de
son adversaire, ou bien quand, défendeur, il se laissait con-
damner faute de présenter une exception légitime, il y
avait encore là de véritables donations susceptibles d'être
révoquées au moyen de la *condictio* (1). Il fallait, selon nous,
décider de même, depuis la limitation à trente et quarante
ans de la durée des actions réelles et personnelles (2), dans
le cas où l'un des époux négligeait sciemment d'exercer en
temps utile l'action qui lui appartenait contre son conjoint; pourtant M. de Savigny enseigne l'opinion contraire
(append. ix du tome IV).

La remise de la garantie n'était jamais considérée comme
une libéralité; si donc un mari cautionnait un tiers débiteur de sa femme, celle-ci laissait volontairement passer,
sans le poursuivre, le délai de deux ans pendant lequel
étaient tenues les cautions; son silence équivalait à une
remise de la garantie, mais ne donnait pas lieu à une
condictio.

La question la plus importante est celle qui se présentait
en matière d'usucapion. Un tiers détenteur d'une chose
appartenant au mari la vend à la femme et la lui livre;
le mari, qui pourrait exercer une revendication contre sa
femme, ne le fait pas et laisse expirer le temps de l'usu-

(1) L. 5, § 7, *hoc tit.*
(2) Code, 1. 3, § 4, *de Præscr. XXX vel XL ann.*

capion : y a-t-il là une donation prohibée entre époux, une
donation nulle par conséquent? La question est résolue
dans la loi 44 *de Donat. int. vir. et ux.* Quatre hypothèses
sont à distinguer : ou bien les deux époux ignorent jusqu'à
l'accomplissement de l'usucapion la propriété du mari, ou
bien le mari seul connaît sa propriété, ou bien la femme seule
la connaît, ou bien enfin elle est connue de tous les deux.

1re hypothèse. — Si l'un et l'autre des époux ignorent,
jusqu'à ce que l'usucapion soit achevée, que la chose vendue
appartient au mari, il est évident qu'il n'y a pas omission
volontaire de la part de ce dernier : on n'est pas dans les
termes de la prohibition; donc, pas d'obstacle à l'usucapion.

2e hypothèse. — En est-il de même quand le mari découvre
en temps utile son droit de propriété, mais qu'il s'abstient
de revendiquer en vue de gratifier sa femme, qui continue
à posséder de bonne foi? La loi 44 n'a pas prévu cette
seconde hypothèse; nous n'en devons pas moins l'examiner.
Suivant M. de Savigny, en pareil cas, l'abstention du
mari ne constitue pas une donation; l'usucapion s'accomplira donc, puisque la femme remplit les conditions voulues,
et le mari ne pourra pas détruire l'effet de cette usucapion
par une *condiction*. Nous admettons parfaitement que l'usucapion s'accomplira, mais il nous semble qu'il y a lieu

d'étendre à cette hypothèse la solution donnée plus haut
en cas d'extinction d'une servitude par le non-usage et de
permettre au mari de détruire par la *condictio* l'effet de
l'usucapion. M. de Savigny repousse l'assimilation, en se
fondant sur ce que, dans le cas d'une servitude éteinte *non
utendo*, le défaut d'agir était l'unique cause de l'extinction
qu'un seul acte de jouissance aurait empêchée, tandis que
dans le cas de l'usucapion, malgré les diligences du mari,
le résultat de la revendication était incertain, la perte de
la propriété pouvant arriver soit par le défaut de preuves,
soit par une erreur du juge. Mais nous devons toujours
partir de ce point, que le mari est en mesure d'établir judi-
ciairement sa propriété, de manière à rendre impossible
une erreur du juge.

3ᵉ hypothèse. — Si la femme vient seule à découvrir le
droit de propriété du mari, rien n'empêche l'usucapion
commencée de continuer à s'accomplir, car la femme a été
de bonne foi au début de sa possession, et ce n'est qu'à ce
moment que la bonne foi est requise ; d'autre part, il n'y a
pas *animus donandi* chez le mari, puisqu'il ignore ses
droits.

4ᵉ hypothèse. — Supposons enfin que les deux époux
viennent à reconnaître que la chose vendue à la femme
appartenait au mari : cette quatrième hypothèse est prévue

par la loi 44 *in fine*. D'après la leçon commune des manuscrits des Pandectes, ce texte est ainsi ponctué : *Sed
si vir rescierit suam rem esse priusquam usucapiatur, vin-
dicare que eam poterit, nec volet, et hoc et mulier noverit,
interrumpetur possessio : quia transiit in causam ab eo factæ
donationis ipsius mulieris scientia ; propius est, ut nullum
acquisitioni dominii opus adferat impedimentum.*

D'après cette ponctuation, Nératius, dans tout ce texte,
s'occuperait toujours de la même hypothèse, celle où les
deux époux ont connaissance de la propriété du mari :
mais alors le jurisconsulte se contredirait lui-même, puisqu'après avoir décidé que l'usucapion était interrompue,
la femme possédant désormais *donationis causa*, il déci-
derait ensuite que l'usucapion est possible, parce qu'il n'y
aurait pas donation de la part du mari. Il y a donc lieu,
pour éviter cette contradiction, de changer la ponctuation
de notre texte ; et parmi toutes les corrections proposées,
nous préférons celle émise par M. de Savigny (tome IV,
append. ix) et adoptée par M. Machelard (textes sur les
donations entre époux) : elle consiste à mettre un point
entre *donationis* et *ipsius* et à supprimer les deux points
entre *scientia* et *propius*.

D'après cette leçon, Nératius prévoit successivement
deux hypothèses : il admet d'abord que si le mari et la
femme découvrant tous deux le droit de propriété du mari,
celui-ci omet de revendiquer, l'usucapion est interrompue,

car le titre auquel possédait la femme est changé; elle possède désormais comme donataire de son mari; puis, passant au cas où la femme découvre seule que son mari est propriétaire, il décide qu'il n'y a aucun obstacle à l'usucapion : cette manière d'interpréter la fin de la loi 44 semble, du reste, pleinement confirmée par les Basiliques.

IV. *Donations par personnes interposées.* — Il nous reste à étudier les effets de la prohibition quant aux donations par personnes interposées. En principe, quand un acte juridique passé avec une tierce personne n'avait d'autre but que de couvrir une libéralité entre époux, cet acte n'avait aucune valeur (L. 5, § 2). Ainsi, quand un mari, pour gratifier sa femme, s'engageait envers son créancier à payer l'une de ses dettes, il n'y avait rien de fait, la femme n'était pas libérée, le mari n'était pas obligé; s'il avait donné un fidéjusseur, celui-ci n'était pas tenu non plus (L. 5, § 4).

Il en était de même quand la donation résultait du transport d'une créance, c'est-à-dire quand un mari chargeait l'un de ses débiteurs de s'engager envers sa femme : ce débiteur n'était ni libéré envers le mari ni obligé envers la femme; de même encore quand la personne déléguée n'était pas un débiteur du mari, mais son mandataire. Si, se croyant obligé envers la femme, le débiteur délégué payait entre ses mains, ce payement était nul et ne transférait pas à la femme la propriété de l'argent : le débiteur pouvait agir contre elle par la revendication, tant que cet argent existait en nature, et par la *condictio* une fois qu'il était consommé. D'autre part, le débiteur n'était pas libéré *ipso jure* envers le mari : toutefois, comme il n'avait payé que sur son ordre, il pouvait opposer à sa réclamation une exception de dol, mais à la condition de lui céder son action en revendication. Quant à la *condictio*, la cession en était inutile, car la femme se trouvant enrichie aux dépens de son mari, celui-ci avait contre elle une *condictio* directe.

Africain donnait une décision semblable dans le cas où un mari ordonnait à son débiteur de verser entre les mains de sa femme la somme qu'il lui devait et que le payement était effectué. Ici encore, le jurisconsulte déclarait le payement nul : *Siculi servatur cum maritus uxori donaturus, debitorem suum jubeat solvere : nam ibi quoque, quia nummi mulieris non fiunt, debitorem non liberari* (L. 38, § 1, *de Solut.*). Toutefois, cette opinion ne fut pas admise par la majorité des jurisconsultes, et, par suite du développement plus libre introduit en matière de possession, nous voyons que, dans le cas d'un simple payement fait à la femme sur l'ordre du mari, on admettait généralement une doctrine moins sévère que quand il y avait un engagement pris envers la femme. Ainsi, dans le cas qui nous occupe, Celsus et Ulpien (L. 3, § 12) décidaient que le débiteur se trouvait libéré, mais que le mari pouvait recourir contre sa femme, soit par la revendication, soit par la condiction. Ces jurisconsultes considéraient le payement fait à la femme par le débiteur du mari comme se décomposant en deux opérations confondues pour plus de simplicité, d'abord remise de la somme par le débiteur au mari, puis remise de la même somme par le mari à la femme ; de ces deux opérations, la première était valable, le débiteur se trouvait ainsi libéré ; la seconde, au contraire, était nulle ; par conséquent, le mari avait contre sa femme les voies de droit ordinaires.

Il en était de même lorsqu'au lieu d'un débiteur du mari, la personne interposée était un tiers qui voulait lui faire une donation et qui, sur son ordre, la faisait à la femme : la chose donnée était censée reçue par le mari, et, par lui, remise à sa femme ; la seconde donation étant seule annulée, le mari propriétaire pouvait agir en revendication contre sa femme (L. 3, § 13).

Enfin, la même décision était donnée par la loi 52, § 1, lorsqu'une chose était livrée à la femme, non par un débiteur ou un donateur, mais par un simple mandataire du mari.

Lorsqu'une donation, sans être faite par personne interposée, était jointe à un acte sérieux et licite fait avec une tierce personne, si on pouvait les séparer, on maintenait l'acte licite et on annulait la donation ; dans le cas contraire, on maintenait la donation plutôt que d'annuler l'acte avec elle (L. 5, § 2). Ainsi, lorsqu'un mari concédait gratuitement sur son fonds une servitude au profit d'un héritage appartenant en commun à sa femme et à un tiers, la servitude étant indivisible, était maintenue pour le tout.

CHAPITRE II

DU SÉNATUS-CONSULTE RENDU SOUS SEPTIME SÉVÈRE ET ANTONIN CARACALLA

Nous venons de voir les règles primitives du droit romain sur les donations entre époux : hormis les cas exceptionnels que nous avons parcourus, tous actes contenant une donation entre-vifs *inter virum et uxorem* étaient frappés d'une nullité absolue. Il fallait évidemment protéger les époux contre leur propre faiblesse ; mais, puisqu'on leur permettait de se faire des donations à cause de mort, ne convenait-il pas d'attribuer au moins les mêmes effets à leurs donations entre-vifs? La rigueur du principe reçut en ce sens un adoucissement considérable en l'an 206 de l'ère chrétienne (an 259 de la fondation de Rome), par suite d'un sénatus-consulte rendu sur la proposition de l'empereur Antonin Caracalla, du vivant de son père, Septime Sévère, avec lequel il partageait alors le trône. Quelques jurisconsultes ont soutenu qu'il y avait eu sur ce point deux sénatus-consultes rendus : le premier, sous Septime

Sévère ; le second, sous Antonin Caracalla : c'est une erreur, il n'y en a eu qu'un, Ulpien nous l'affirme, et l'on ne
peut guère l'accuser d'avoir commis une erreur quand il s'a-
git de faits qui se sont passés de son temps (L. 32, pr.).

Des donations confirmées par la mort du donateur.

Voici, d'après Ulpien, les termes mêmes dont se servit
Caracalla dans son *oratio* au Sénat pour indiquer le but de
l'innovation qu'il proposait : *Fas esse cum quidem, qui do-
navit, pænitere : heredem vero eripere, forsitan adversus
voluntatem supremam ejus, qui donaverit, durum et avarum
esse* (L. 32, § 2). Protéger l'époux qui aurait consenti des
donations inconsidérées ou arrachées par la contrainte, et
en même temps respecter la volonté de donner libre et réflé-
chie, persistant jusqu'à la mort du donateur, tel fut le but
du sénatus-consulte de l'an 206.

Dans l'ancien droit, lorsqu'un époux avait fait une donation
entre-vifs au profit de son conjoint, il pouvait lui donner
effet en la renouvelant dans son testament. Elle valait alors
comme disposition testamentaire, sans effet rétroactif. A
partir du sénatus-consulte, le donateur reste toujours libre
de revenir sur sa libéralité ; mais par cela seul qu'il prédécède
sans avoir manifesté l'intention de révoquer, il est censé
avoir confirmé tacitement sa donation, et ses héritiers ne
sont pas recevables à la critiquer. Ainsi, désormais, les donations entre-vifs sont permises entre époux, mais elles se

transforment de plein droit en donations à cause de mort, et ce sont les règles des donations à cause de mort qui leur sont appliquées. Mais la confirmation une fois accomplie, ses effets remontent au jour même où s'est faite la donation, comme si elle eût été valable dès l'origine (1).

Le sénatus-consulte de Caracalla s'appliquait en général à toutes les donations frappées par l'ancienne règle prohibitive des libéralités entre époux, aux donations faites entre les divers membres de la famille des conjoints et à celles faites à personnes interposées comme à celles qui avaient lieu entre les époux eux-mêmes, aux donations déguisées comme à celles faites ouvertement.

Le sénatus-consulte s'appliquait, sans aucun doute, aux donations résultant d'une tradition. Mais s'appliquait-il également aux donations résultant d'une promesse ou d'une remise de dette? C'est là une question très-discutée et qui était déjà débattue par les glossateurs. Pour notre compte, nous croyons, avec M. de Savigny, que la confirmation par le prédécès du donateur s'étendait à toutes espèces de dona-

(1) Pourtant plusieurs interprètes du droit romain, et notamment Accurse, Barthole, Mantica, etc., ont soutenu que la confirmation de la donation produisait bien un effet rétroactif quant aux fruits, mais qu'elle n'en produisait pas à l'égard du domaine, et que sous ce rapport la chose ne passait au donataire que par la mort du conjoint. Mais cette opinion ne nous paraît pas admissible en présence de la loi 25, C., *de Don. int. vir. et ux.*, qui décide formellement que le décès sans révocation produit un effet rétroactif.

tions ; cette doctrine nous paraît résulter des termes formels employés par Ulpien dans plusieurs textes du Digeste.

D'abord, dans la loi 32, § 1, le jurisconsulte s'exprime ainsi : Ad omnes donationes inter virum et uxorem factas *ut ipso jure res fiant ejus cui donatæ sunt,* et obligatio sit civilis. Que veulent dire ces derniers mots : *et obligatio sit civilis,* si ce n'est que, quand un époux s'est obligé envers son conjoint *donationis causa,* la stipulation, qui était nulle jusqu'au moment de la mort du donateur, devient valable à l'égard de ses héritiers ?

Dans le paragraphe 23 de la même loi 32, Ulpien ajoute : *Sive autem res fuit quæ donata est, sive obligatio remissa, potest dici donationem effectum habere, et generaliter universæ donationes quas impediri diximus, eæ oratione valebunt.* Quelques auteurs ont conclu de ce texte qu'Ulpien restreignait aux deux formes de donations qu'il cite (tradition effectuée et remise de la dette) l'application du sénatus-consulte. C'est une erreur : l'acceptilation n'est ici citée que comme un exemple ; ce qu'Ulpien veut dire, c'est que la confirmation par le prédécès du donateur n'est pas limitée aux donations par tradition ; la fin du texte le prouve bien : *universæ donationes... valebunt.* Du reste, dans la loi 33, Ulpien fait lui-même l'application des règles précédentes au cas où l'un des époux promet à l'autre, par stipulation, une rente annuelle ; le jurisconsulte décide qu'une pareille donation sera confirmée par la mort du promettant arrivée pendant le mariage. En vain les partisans du système contraire essayent-ils de prouver que la stipulation d'une rente annuelle était régie par un droit spécial ; quand ils arriveraient à faire cette preuve et à écarter du débat la loi 33, ils n'auraient encore rien gagné en faveur de leur doctrine.

Nous pourrions encore citer en faveur de notre opinion un rescrit de l'empereur Alexandre, qui forme la loi 2, au Code, *de Dote cauta*, et qui déclare que si le mari, pour faire une libéralité à sa femme, lui a reconnu une plus forte dot que celle qui a été réellement apportée et n'a pas révoqué avant sa mort, la femme pourra réclamer cette augmentation contre les héritiers du mari.

On comprend pourtant qu'en présence des termes mêmes de l'*oratio* d'Antonin au Sénat, certains jurisconsultes, Papinien notamment, aient pu faire une distinction entre les *rerum donationes* et les libéralités consistant en une promesse non exécutée; en effet, lorsque l'époux donateur s'était borné à faire une promesse et qu'il était mort sans avoir accompli son engagement, on ne pouvait plus opposer à ses héritiers le même reproche d'avarice qu'on leur faisait quand ils voulaient arracher des mains du conjoint ce que celui-ci possédait du consentement du défunt. Il n'y a donc rien d'étonnant à ce que Papinien ait soutenu que le sénatus-consulte ne s'appliquait qu'aux donations suivies de tradition; mais ce qui paraît détruire notre système, c'est qu'Ulpien lui-même, qui en a posé les règles et qui les a appliquées à diverses hypothèses, semble approuver formellement l'opinion de Papinien : *Papinianus recte putabat orationem ad rerum donationem pertinere: denique si stipulanti spopondisset uxori suæ, non putabat conveniri posse heredem mariti, licet durante voluntate, maritus decesserit* (L. 23).

Comment concilier ces mots : *Papinianus recte putabat*, avec l'opinion émise par Ulpien dans les lois 32 et 33 ? Quelques interprètes ont soutenu qu'il fallait effacer le mot *recte;* cette correction serait fort commode, mais elle est contredite par la leçon de tous les manuscrits connus. D'autres ont distingué deux sénatus-consultes : l'un, sous Septime Sévère, aurait confirmé les donations par tradition ; l'autre, sous Caracalla, aurait étendu la confirmation à toutes les autres donations. Papinien aurait parlé du premier, et Ulpien du second ; mais nous avons déjà dit qu'il n'y avait eu sur notre matière qu'un seul sénatus-consulte.

Une autre explication a été présentée par M. de Savigny. Ce savant romaniste remarque qu'il ne résulte pas de la loi 23 qu'Ulpien ait approuvé toute la doctrine de Papinien, puisque le verbe *putabat* est répété deux fois et qu'il n'est accompagné de l'adverbe *recte* que dans la première partie de la phrase, celle qui ne souffre pas de difficulté. Suivant lui, Ulpien avait probablement réfuté l'opinion émise dans la seconde partie ; mais les compilateurs du Digeste auront omis cette réfutation, obéissant en cela à l'ancien usage de donner toujours raison à Papinien. Quant à nous, nous croyons tout simplement (avec M. Machelard, page 280, et M. Accarias, page 699) que le mot *recte* a dû être interpolé par les compilateurs du Digeste, en raison même de cette habitude qu'ils avaient de faire fléchir les décisions des autres jurisconsultes devant celles de Papinien.

Nous avons dit que, par l'effet du sénatus-consulte de l'an 206, les donations entre époux furent assimilées aux donations à cause de mort; par suite, elles furent soumises aux diverses restrictions des lois Julia et Papia Poppæa (et notamment à la limite des *decimæ*), et, de plus, elles durent subir la réduction de la loi Falcidie. Cette réduction, introduite d'abord contre les légataires, puis appliquée aux fidéicommissaires, avait été étendue aux donataires à cause de mort par une constitution de Sévère et Antonin qui forme la loi 5, au Code, *ad Legem Falcidiam* (6,50). Mais évidemment la loi Falcidie ne s'appliquait qu'aux donations entre époux, qui tiraient toute leur validité de la confirmation sous-entendue par le sénatus-consulte; elles ne s'appliquaient pas à celles qui, par exception, étaient reconnues comme valables dans l'ancien droit.

Tandis que les donations à cause de mort étaient dispensées de l'insinuation, les donations entre-vifs entre époux, bien que confirmées par le silence du donateur jusqu'à sa mort, n'étaient valables qu'autant qu'elles avaient été insinuées *actis intervenientibus,* si elles excédaient 200 solides avant Justinien, et 500 depuis Justinien. A défaut d'insinuation, elles étaient nulles pour l'excédant; elles pouvaient, il est vrai, être confirmées par testament, et alors valaient sans insinuation, mais il n'y avait plus d'effet rétroactif (L. 2, C., *hoc tit.*).

Des conditions requises pour la confirmation.

Il nous reste à parler des conditions que devait réunir une donation pour être valable, en vertu du sénatus-consulte de Caracalla.

I. Et d'abord, pour que la mort du donateur pût confirmer sa libéralité, il fallait qu'il persistât jusqu'à sa mort dans la volonté de donner. La faculté de se repentir restait toujours ouverte à l'époux donateur; il n'avait même aucun motif à donner pour justifier son changement de volonté ; mais après avoir révoqué sa donation, il pouvait la faire valoir à nouveau; on s'en tenait, en définitive, à sa dernière manifestation de volonté (1). Il n'était même pas nécessaire qu'une action ait été intentée contre le donataire du vivant du donateur, il suffisait que celui-ci ait exprimé son intention de révoquer, de quelque manière que ce fût ; ainsi, quand bien même il aurait laissé son conjoint en possession des choses données, ses héritiers, en établissant sa

______

(1) L. 32, § 2 et 3.

volonté de revenir sur sa libéralité, pouvaient encore agir contre le donataire. Toutefois, s'il y avait doute sur la volonté du défunt, la donation devait être maintenue : *Quod si in obscuro sit, proclivior esse debet judex ad comprobandam donationem* (L. 32, § 4).

La révocation pouvait être expresse ou tacite ; toute aliénation des objets donnés faite par le donateur, à titre de vente, par exemple, emportait révocation de la donation (L. 32, § 5). En était-il de même lorsque le donateur engageait ou hypothéquait la chose donnée? Pendant longtemps on alla jusque-là, seulement on admettait la preuve d'une intention favorable au maintien de la donation. Ulpien permettait même au donataire de contraindre le créancier gagiste ou hypothécaire à lui céder ses actions contre le donateur ou ses héritiers. Enfin, Justinien, dans la novelle 162, décida formellement que l'hypothèque des choses données ne vaudrait jamais révocation par elle-même.

Un époux a donné à son conjoint un esclave : plus tard, il institue cet esclave son héritier *cum libertate ;* doit-on voir dans cette institution une révocation de la libéralité? Ulpien (L. 22) décidait que si le donateur avait exprimé l'intention de revenir sur sa libéralité, l'esclave devait être libre et héritier nécessaire; que si, au contraire, il n'avait pas exprimé cette intention, l'institution ne devait valoir que comme institution de l'esclave d'autrui : c'était donc l'époux donataire qui profitait de l'hérédité.

II. La donation entre époux ne devenant valable qu'au moment de la mort du donateur, ne pouvait pas acquérir sa perfection si le donataire n'était pas à ce moment en état d'en profiter : ainsi, le décès du donateur ne confirmait sa libéralité que quand le donataire lui survivait (L. 32, § 14) : c'est une conséquence de l'assimilation des donations entre époux aux donations à cause de mort.

Que décidait-on lorsque les deux époux mouraient dans le même événement, dans le même incendie par exemple? On suivait la règle ordinaire lorsqu'il était possible de savoir lequel du mari ou de la femme était mort le premier : mais, s'il n'y avait pas moyen de le savoir, on décidait que la donation faite par l'un des époux à l'autre était confirmée, car le doute devait toujours s'interpréter en faveur du donataire. En conséquence, si , après s'être fait des donations réciproques, les deux époux mouraient en même temps, leurs donations étaient valables de part et d'autre (L. 32, § 14, *hoc tit.*).

Quand une libéralité avait été faite par l'un des époux au père de l'autre, la confirmation dépendait-elle de la survie du père ou de celle de l'époux réputé donataire véritable (1)? Une femme a fait une donation à son beau-père, celui-ci meurt avant elle, la donation est-elle révoquée? Il faut distinguer : si le mari est le seul héritier de son père,

(1) L. 32, § 16 et 20.

la femme est présumée refaire tacitement la même donation à son profit ; mais si le mari n'est pas héritier, ou s'il ne l'est que pour partie, la donation est annulée pour le tout ou pour la partie qui n'est pas dévolue au mari.

La libéralité faite par l'un des membres de la famille du mari soit à la femme, soit à l'un des membres de la famille de la femme, ou réciproquement, n'était confirmée que par le prédécès et du donateur et de l'époux auquel il se rattachait (L. 32, § 16 et 20).

Si, après que l'un des beaux-pères avait donné à son gendre, ou à sa bru, ou à l'autre beau-père, les deux époux ou l'un d'eux étaient émancipés, la confirmation de la donation n'était plus possible, parce que la confusion juridique de la personne des époux avec celle de leurs parents ayant cessé, on ne se trouvait plus dans les termes du sénatus-consulte, applicable seulement aux donations entre époux (L. 32, § 21).

III. Nous avons vu que, dans l'ancien droit, le divorce emportait révocation tacite des donations à cause de mort faites entre époux, à moins que le donateur n'ait manifesté la volonté de maintenir sa libéralité ; après le sénatus-consulte de Caracalla, le divorce produisait le même effet sur les donations entre-vifs, car il faisait supposer que le donateur avait abandonné son intention de gratifier son conjoint (1). Toutefois, si le mariage était ensuite rétabli et si la volonté de donner paraissait persister chez le disposant, la confirmation redevenait possible (2). Une habitation séparée n'empêchant pas l'affection conjugale, ne suffisait pas à elle seule à mettre obstacle à la confirmation de la donation par le prédécès du donateur.

La loi Julia *de Maritandis ordinibus* défendait à l'affranchie qui avait épousé son patron de divorcer sans le consentement de celui-ci (L. 62, § 1). Le divorce effectué malgré cette prohibition, bien qu'*injustum*, n'en produisait pas moins la révocation des donations faites par l'affranchie à son mari, parce qu'il était une preuve de sa volonté à cet égard; du reste, le mariage même était rompu, et les époux cessaient d'être appelés à la succession l'un de l'autre; seulement, l'affranchie ne pouvait pas intenter l'action *de dote* ni se remarier sans l'autorisation de son patron.

Antonin le Pieux supprima le droit qui appartenait autrefois aux ascendants de rompre le mariage contracté avec leur consentement par les enfants qu'ils avaient sous leur puissance; mais si le *repudium* envoyé par le *pater familias* à son gendre ou à sa bru n'empêchait plus le mariage de subsister à l'égard des époux, il n'en produisait pas moins

(1) L. 62, § 1, *hoc tit.*
(2) L. 32, § 11, *hoc tit.*

la révocation des libéralités faites par cet ascendant à l'un des époux (L. 32, § 19, *hoc tit.*).

IV. Lorsque le donateur ou le donataire tombait au pouvoir de l'ennemi, on appliquait les fictions introduites dans l'intérêt des prisonniers de guerre par le *jus postliminii* et la loi Cornélia; si le captif rentrait dans ses foyers, il était considéré comme n'ayant jamais été prisonnier; s'il ne revenait pas, on le réputait mort du moment même où il avait été pris, mort par conséquent dans la plénitude de ses droits de citoyen; en sorte que si le donateur mourait chez l'ennemi, la donation se trouvait confirmée depuis l'instant de sa captivité (L. 18, *de Capt. et Postl.*); si le donataire se trouvait prisonnier lors de la mort du donateur, il profitait de la donation s'il revenait ensuite dans sa patrie (L. 22, *eod. tit.*).

On appliquait les mêmes règles dans le cas où les deux époux avaient été faits prisonniers en même temps (L. 32, § 14, *de Don. int.*) : tous deux mouraient-ils chez l'ennemi, ils étaient censés morts en même temps le jour de leur captivité, et la donation était confirmée; l'un des deux revenait-il seul, la donation était encore confirmée si c'était le donataire, elle était annulée si c'était le donateur.

Quoique l'esclavage fût assimilé à la mort, les mêmes règles n'étaient plus applicables lorsque l'époux donateur

était devenu l'esclave d'un simple particulier (1) : la donation se trouvait alors anéantie ; les libéralités entre époux
ne produisant leur effet qu'à la mort du donateur, celui-ci
devait nécessairement être capable au moment de son décès ;
une exception avait été faite à ce principe pour le captif
mort chez l'ennemi, mais le donateur qui avait mérité la
perte de la liberté n'était pas digne de jouir de la même
faveur.

La donation était également anéantie lorsque le donateur avait encouru l'esclavage de la peine. Le résultat était
le même lorsque le coupable avait par le suicide évité la
condamnation (2) : on voyait dans cet acte un aveu tacite du
crime, et on agissait comme s'il y avait eu condamnation.
Enfin, il en était encore de même en cas de crime de haute
trahison de la part du donateur : le procès pouvait être fait
après sa mort, et si sa mémoire était condamnée, il s'opérait un effet rétroactif qui le faisait considérer comme mort
en état de condamnation.

L'ancien droit romain faisait exception à ces règles en
faveur des militaires qui avaient encouru une peine capitale
par suite d'un crime militaire ; on leur permettait, malgré
la condamnation, de disposer par testament de leur pécule
castrens ; était maintenue par conséquent la donation qu'ils

(1) L. 32, § 6.
(2) L. 32, § 7.

avaient pu faire sur ce pécule en faveur de leur conjoint
L. 32, § 8).

Constantin, par une constitution qui forme la loi 24, au
Code, *de Don. int. vir. et ux.*, décida que la condamnation
à l'esclavage de la peine subie par le donateur, loin d'anéantir les donations qu'il aurait faites à son conjoint, devait
au contraire les confirmer, comme s'il était mort au moment
de sa condamnation. Enfin, Justinien ayant aboli entièrement la *servitus pœnæ*, la donation faite au conjoint avant
le crime resta désormais en suspens jusqu'à la mort naturelle du condamné (nov. 22, cap. 22).

CHAPITRE III

DES SECONDS MARIAGES

Il est utile d'ajouter ici quelques mots sur l'effet des secondes noces et les constitutions impériales qui s'en occu-
pèrent. Vers la fin de la République et sous les premiers
temps de l'Empire, la loi favorisait les seconds mariages ;
les empereurs chrétiens cherchèrent au contraire à les restreindre et surtout à sauvegarder les intérêts des enfants du
premier lit.

D'après la constitution *Fœminæ quæ* (L. 3, au Code, *de
Sec. Nuptiis*), rendue en l'an 352, sous les empereurs
Gratien, Valentinien II et Théodose Ier, la veuve remariée
ayant des enfants de son premier lit ne pouvait rien donner à son nouveau mari sur les biens qu'elle tenait du premier : ces biens étaient conservés au profit des enfants issus
du premier mariage, qui se trouvaient par là nus proprié-
taires, leur mère n'ayant plus qu'un droit d'usufruit. La
veuve remariée n'avait aussi que l'usufruit des biens
qu'elle avait recueillis dans la succession de l'un des en-

fants de sa première union décédé depuis le convol; la nue propriété de ces biens appartenait aux autres enfants issus de la même union: ce n'est qu'à leur défaut que la mère acquérait la pleine propriété. Mais, par compensation, Honorius et Théodose II donnèrent aux enfants du second lit un droit exclusif sur les choses reçues par leur mère de son second mari, leur père (L. 4, C.).

La constitution *Generaliter* (L. 5, C.) étendit aux hommes veufs qui se remariaient les dispositions de la constitution *Fœminæ quæ*.

Justinien modifia ces deux constitutions : les novelles 2, chap. 1, et 22, chap. 25, privèrent le conjoint remarié du droit de distribuer à son gré entre les enfants du premier lit les biens reçus de leur auteur; il dut y avoir égalité complète entre ces enfants.

Mais cela ne suffisait pas : il fallait, en outre, éviter que l'époux survivant convolant en secondes noces ne privât en faveur de son nouvel époux les enfants du premier lit de la totalité ou au moins d'une grande partie de ses biens personnels. En l'an 380, les empereurs Théodose Ier et Valentinien II avaient décidé (L. 1) que la veuve qui se remarierait avant l'expiration de l'année de deuil ne pourrait donner à son second mari plus du tiers de ses biens. Par la constitution *Hac edictali*, promulguée en l'an 469 (C., L. 6), il fut interdit à toute personne remariée ayant des enfants d'un précédent mariage de donner à son nouveau conjoint une portion de ses biens supérieure à celle de l'enfant le moins prenant : si la libéralité dépassait cette limite, la réduction devait s'opérer uniquement au profit des enfants du premier lit. Par la constitution *Quoniam* (L. 9), Justinien rétablit d'abord l'égalité entre tous les enfants, en admettant aux mêmes avantages les enfants du second lit ; mais un peu plus tard, dans la novelle 22, chap. 27, il rendit la préférence aux enfants du premier lit.

SECONDE PARTIE

DROIT FRANÇAIS

DES DONATIONS ENTRE ÉPOUX

PENDANT LE MARIAGE

INTRODUCTION HISTORIQUE

Avant d'entreprendre l'étude des donations entre époux sous l'empire du Code civil, et pour relier le droit romain au droit actuel, il est nécessaire de jeter un rapide coup d'œil sur l'histoire de ces donations en France, dans les pays de droit écrit et dans les pays de coutume.

Nous n'avons que fort peu de renseignements sur l'ancien droit civil des Gaulois; du reste, la Gaule fut transformée par la domination romaine; soumise aux lois de ses vainqueurs, elle resta sous l'empire du droit romain jusqu'à ce que l'invasion barbare vînt lui apporter les usages de la Germanie.

Nous n'avons aussi que des documents bien incomplets sur les institutions germaniques. Ne nous occupant que des libéralités pendant le mariage, nous n'avons pas à parler ici de l'achat du *mundium* par le futur époux : nous dirons seulement que le prix de ce *mundium*, payé d'abord aux parents de la femme, le fut ensuite à la femme elle-même, et qu'il prit dès lors le caractère d'une dot donnée en toute propriété à la future épouse.

Il est une espèce de libéralité entre époux qui paraît avoir été usitée chez tous les peuples d'origine germanique, nous voulons parler du *morgengabe*, don du matin, que le mari faisait à sa femme le lendemain du jour de ses noces, comme *pretium virginitatis;* pour la veuve remariée, le morgengabe était remplacé par un autre don appelé *abendgabe*, ou don du soir. Les diverses tribus germaniques avaient fixé un maximum que ne pouvaient dépasser ces dons : ce maximum était du dixième des biens chez les Visigoths, du quart chez les Lombards, du tiers chez les Francs. Nous signalerons encore une autre espèce de libéralité également faite par le mari à la femme, et qui était appelée l'*osculum*, dénomination qui lui venait sans doute de ce qu'elle était faite après le baiser des fiançailles. A une certaine époque que nous n'avons pas à rechercher ici, le *morgengabe* se confondit avec la dot et l'*osculum* pour donner naissance au *douaire*, conventionnel d'abord, puis attaché de plein droit au mariage.

Quelles étaient les dispositions des lois barbares sur les donations proprement dites faites entre époux pendant le mariage ? Nous ne savons que fort peu de choses à ce sujet ; mais ce que nous savons montre qu'il y avait de grandes divergences entre les coutumes des diverses peuplades. La loi lombarde de Luitprand prohibait toute donation de la part du mari à la femme en dehors de la dot et du *morgengabe*. La loi des Ripuaires et celle des Visigoths permettaient, au contraire, les donations entre époux. Ces donations étaient également permises chez les Francs ; elles y étaient même irrévocables : c'est du moins ce qui paraît résulter du titre VIII des *Capita extravagantia* de la loi salique, du titre XXVIII de la loi des Ripuaires, et de la formule 12, livre I\[er], de Marculfe. M. Pardessus présume que, d'après la loi salique, ces donations, qui pouvaient porter sur les biens des époux, propres et acquêts, sans même que la réciprocité fût nécessaire, ne consistaient qu'en une espèce d'usufruit ; il paraît, de plus, qu'elles ne pouvaient avoir lieu qu'entre époux n'ayant pas d'enfants.

L'invasion des Barbares en Gaule amena, quelques siècles plus tard, la division du territoire en deux grandes fractions soumises à deux régimes distincts, quand de personnel le droit devint territorial. Les Gallo-Romains étaient restés soumis à la loi romaine : or, la population gallo-romaine était beaucoup plus nombreuse au Midi et dans le royaume de Bourgogne que dans le reste de la Gaule ; aussi le droit romain resta-t-il la loi dominante de ces pays, qui furent appelés *pays de droit écrit*, par opposition aux autres provinces, où, par suite de la prédominance de l'élément germanique, la loi romaine s'effaça devant les coutumes locales, et qu'on appela *pays de coutumes* ou de *droit coutumier*.

Ainsi, dans notre ancienne jurisprudence française, les pays de droit écrit suivaient la législation romaine dans son dernier état ; en ce qui concerne les donations entre époux, on y observait la prohibition générale tempérée par le sénatus-consulte de Caracalla. Pourtant, à la suite de la grande ordonnance de 1731, dont l'article 3 portait « qu'il n'y aurait plus que deux formes de disposer de ses biens à titre gratuit, la donation entre-vifs et le testament, » la question s'est élevée de savoir s'il ne résultait pas de cet article une abrogation implicite, dans les pays de droit écrit, de ce principe du droit romain qui confirmait les donations entre mari et femme lorsque le donateur était mort sans avoir changé de volonté. Pothier notamment faisait remarquer que la donation entre époux, telle qu'elle était réglée par le droit romain, ne rentrant ni dans l'une ni dans l'autre des deux formes permises, ne pouvait plus être valable. « Il paraît cependant, ajoutait-il, que les Parlements des provinces de droit écrit sont demeurés attachés aux principes du droit romain sur la confirmation des donations entre mari et femme, lorsque le donateur était mort sans avoir changé de volonté. »

Droit coutumier. — Le premier droit coutumier français, issu des anciennes coutumes germaniques, est loin de présenter des dispositions uniformes sur les donations entre époux. Ainsi, Pierre Desfontaines (*Conseils à un amy*, chap. XXXIII) et Beaumanoir (*Cout. de Beauvoisy*, ch. XII, 4) admettaient la validité de ces donations, tandis que les établissements de Saint-Louis et les Assises de Jérusalem (*Cour des bourgeois*, ch. CLIII) ne permettaient les avantages entre conjoints que par testament, et seulement quand il n'y avait pas d'enfants mâles.

Prises à l'époque de leur entier développement, les coutumes présentent la même diversité. Pothier les divise en trois classes principales. Dans la première, il range les coutumes qui, comme celles de Paris et d'Orléans, prohibaient tous avantages directs ou indirects entre époux pendant le mariage, soit par donation entre-vifs, soit par testament, sauf toutefois le don mutuel, sur lequel nous reviendrons bientôt. Nous citerons comme exemple l'article 282 de la coutume de Paris, qui était ainsi conçu : « Homme et femme, conjoints par mariage, constant icelui, ne se peuvent avantager l'un l'autre par donation entre-vifs, par testament ou ordonnance de dernière volonté, ni autrement, directement ni indirectement, sinon par don mutuel comme dessus. »

Cette prohibition rigoureuse était fondée non-seulement sur les motifs déjà donnés dans l'ancien droit romain, mais surtout sur la nécessité de la conservation des biens dans les familles (Ferrières, art. 282; *Cout. de Paris*, gloss. 1, n° 6). Pour en assurer l'effet, les coutumes de cette classe, qui était de beaucoup la plus nombreuse, défendaient également entre époux les contrats à titre onéreux qui n'étaient pas suffisamment justifiés.

La deuxième classe comprend les coutumes qui prohibaient les donations entre-vifs entre mari et femme, sauf le don mutuel, mais qui leur permettaient les donations testamentaires. Parmi ces coutumes, les unes ne permettaient les avantages testamentaires entre époux que s'il n'y avait pas d'enfants issus du mariage ou même d'un précédent mariage; d'autres, au contraire (comme les coutumes de Péronne et de Chartres), les permettaient, qu'il y eût ou non des enfants. D'autre côté, certaines coutumes, comme celle du Ponthieu (titre 2, art. 24), comme celle de Chartres (chap. XVII, art. 91), permettaient aux époux de se donner par testament tout ce qu'ils pourraient donner à un étranger, tandis que d'autres, comme les coutumes de Reims et d'Amiens, restreignaient la quotité disponible entre époux : ainsi, d'après la coutume de Reims (art. 201), les conjoints pouvaient bien se léguer l'un à l'autre leurs meubles et conquêts en propriété, mais ils ne pouvaient se donner que la moitié de leurs « naissants et acquêts faits avant le mariage », et en usufruit seulement. Quant à la coutume d'Amiens (titre 6, art. 100), elle permettait aux époux de se laisser par testament, quand il n'y avait pas d'enfants, tout ce qu'ils auraient pu donner à un étranger, mais elle leur défendait de se rien donner autrement qu'en usufruit quand il y avait des enfants.

La troisième classe comprend les coutumes qui, adoptant les principes du droit romain, admettaient même les donations entre-vifs lorsque l'époux donateur était mort sans les avoir révoquées : telles étaient les coutumes de Touraine et de Poitou. Mais l'ordonnance de 1731 ayant abrogé cette disposition du droit romain, ces coutumes rentrent alors dans la deuxième classe.

Enfin, la quatrième classe embrasse les coutumes qui autorisaient en principe entre les époux les libéralités entre-vifs irrévocables. Mais cette dernière classe comporte encore plusieurs distinctions : quelques coutumes (comme celle de Noyon) permettaient aux époux de s'avantager ainsi entre-vifs, qu'il y eût ou non des enfants issus de leur mariage; d'autres ne le permettaient que quand il n'y avait pas d'enfants. Certaines coutumes faisaient une différence entre le mari et la femme : ainsi, la coutume d'Auvergne (ch. XIV, art. 28) autorisait le mari à avantager sa femme de tous ses biens, sauf la légitime des enfants, tandis qu'elle défendait à la femme de rien donner à son mari.

Il y avait des coutumes qui ne contenaient absolument aucune disposition touchant les donations entre époux pendant le mariage : quelle règle devait-on suivre dans leurs ressorts ? « Tout dépend, dit Merlin, du génie de ces coutumes : si elles ont des rapports marqués avec le droit romain, point de doute qu'elles ne doivent s'interpréter par ses dispositions et qu'on ne doive admettre les avantages entre époux de la même manière qu'on les leur permet dans les pays de droit écrit ; si elles sont du nombre de celles qui, par la situation de leur territoire ou le temps de leur rédaction, paraissent devoir s'interpréter par la coutume de Paris, il serait difficile d'autoriser dans leurs ressorts les époux à s'avantager autrement que par don mutuel. »

Remarquons enfin que lorsque les conjoints voulaient se donner des immeubles, ils devaient suivre la coutume de la situation de ces immeubles ; peu importait celle du lieu de leur domicile. Mais cette dernière coutume était obligatoire pour les donations d'objets mobiliers, car les meubles, corporels ou incorporels, n'ayant pas d'assiette fixe, suivaient la personne de celui à qui ils appartenaient et étaient régis par la loi de son domicile.

Don mutuel. — Nous avons dit que même les coutumes qui prohibaient toutes libéralités entre époux, comme celles de Paris et d'Orléans, faisaient en général exception pour les dons mutuels. L'origine en France du don mutuel entre époux remonte à une époque très-éloignée : on voit dans le chap. 12 du livre 1 des formules de Marculfe que déjà il était en usage sous les Mérovingiens. — Dans nos cou-

tumes, le don mutuel était une donation faite réciproquement entre époux pendant le mariage, par un seul et même
acte de ou partie des biens que laisserait le prédécédé.

Le don mutuel participait de la donation entre-vifs en ce
qu'il était un contrat de bienfaisance irrévocable, et de la
donation à cause de mort en ce qu'il était subordonné à une
condition de survie. Cette dernière circonstance le rendait
aléatoire. Chacune des deux donations qu'il contenait étant
la condition de l'autre, la nullité de l'une de ces donations
entraînait la nullité de l'autre. Du reste, chaque coutume
réglait diversement la validité, l'étendue, les restrictions,
les conditions de capacité et les formalités du don mutuel.
Certaines coutumes exigeaient que les conjoints eussent le
même âge ou au moins qu'il n'y eût pas entre eux une
grande disproportion. Quelques-unes voulaient que les deux
conjoints fussent en bonne santé lors de la confection de
l'acte de donation (art. 280 de la cout. de Paris). Les coutumes du Berry, du Bourbonnais, du Poitou, exigeaient que
les conjoints survécussent au moins quarante jours.

La plupart des coutumes n'autorisaient le don mutuel
que si les époux n'avaient point d'enfants, et généralement
elles s'exprimaient en ces termes : « homme et femme conjoints par mariage, non ayant enfants. » Enfin, quelques
rares coutumes rejetaient entièrement le don mutuel entre
époux : telle était la coutume de Chauny.

Il y avait une grande divergence entre les coutumes par

rapport à ce que pouvait comprendre le don mutuel. D'après les unes, il pouvait comprendre les meubles, les acquêts et les conquêts; d'après d'autres, les époux avaient le droit de se donner à titre de don mutuel même une partie de leurs propres. A Paris et Orléans, les biens de la communauté étaient seuls susceptibles d'être compris dans le don mutuel, et encore uniquement quant à l'usufruit. Lorsque les époux se donnaient mutuellement plus que ne permettait la coutume, en général le don mutuel était entièrement nul. Il en était de même quand on y faisait entrer des choses qu'il ne devait pas comprendre.

Nos anciens auteurs étaient généralement d'accord pour décider que le don mutuel devait, à peine de nullité, être passé devant notaire, à l'exemple des donations entre-vifs, en minute et par un seul et même acte, pour éviter les fraudes. La plupart des coutumes l'assujettissaient à l'insinuation : il n'y avait guère d'exception que pour la coutume du Poitou ; mais une déclaration royale du 5 décembre 1622 la fit rentrer dans le droit commun. Une ordonnance de 1741 (art. 46) dispensa le don mutuel de toutes les formalités, autres que l'insinuation et la confection d'un acte notarié, exigées dans les donations ordinaires, comm par exemple de l'acceptation expresse du donataire.

Droit intermédiaire. — Autant le droit coutumier s'était montré rigoureux pour les donations entre époux pendant le mariage, autant la législation intermédiaire se montra favorable à leur égard. N'adoptant ni la prohibition de nos anciennes coutumes, ni les tempéraments du droit romain, la loi du 17 nivôse an II laissa aux époux toute latitude pour s'avantager. « La plupart de nos statuts locaux, a dit M. Vermeil, jurisconsulte de cette époque, faisaient cette injure à l'humanité de supposer que le plus adroit ou le plus fort des époux était toujours prêt à dépouiller l'autre ; il ne leur était pas permis, dans la plupart de nos coutumes, de se gratifier du moindre don par testament, et, par une bizarre contradiction, la loi, qui commandait de s'aimer à des personnes liées par des nœuds indissolubles, leur interdisait le témoignage le plus sûr et le plus précieux de l'attachement, les bienfaits. La loi du 17 nivôse an II est venue affranchir de toutes entraves ce sentiment de bienveillance et d'estime réciproques qui fait le charme d'un pareil état. Elle a ouvert une carrière de bienfaisance sans bornes, même pendant le mariage, aux époux qui n'ont pas d'enfants. »

Ainsi, les donations entre époux furent désormais permises d'une manière générale ; elles devinrent même irrévocables comme les donations ordinaires ; elles purent comprendre, soit en jouissance, soit en pleine propriété, tous les biens, quelles qu'en fussent la nature et l'origine, meubles ou immeubles, propres ou acquêts sans distinction, à la condition toutefois qu'il n'y eût pas d'enfants, car s'il y en avait, les avantages entre époux ne pouvaient dépasser la moitié de l'usufruit des biens laissés par le donateur : du reste, la quotité disponible en cas d'enfants pouvait être cumulée avec la quotité disponible ordinaire.

Nous venons de parcourir l'histoire des donations entre époux dans notre ancienne France, depuis les temps barbares jusqu'à la Révolution ; arrivons maintenant au Code civil.

CHAPITRE PREMIER

DES DONATIONS ENTRE ÉPOUX SOUS LE CODE CIVIL

Placés entre les deux systèmes extrêmes du droit coutumier et du droit intermédiaire, les législateurs de l'an IV se sont rapprochés du système du droit romain, en vigueur dans les pays de droit écrit : ils ont permis les donations entre époux, mais ils les ont déclarées essentiellement révocables au gré du disposant, conciliant ainsi l'affection avec l'indépendance, la pureté du mariage avec la récompense des soins et de la tendresse d'un conjoint envers l'autre. Malheureusement, les rédacteurs du Code se sont bornés à poser les principes de la matière dans les articles 1096 et 1097, sans entrer dans aucun détail; de là une foule de questions controversées que nous allons essayer de résoudre.

SECTION I

Du caractère des donations entre époux.

Nous devons tout d'abord rechercher quel est, dans notre droit actuel, le caractère des donations entre époux pendant le mariage, car la plupart des questions qui s'agitent sur cette matière se trouvent subordonnées à cette question fondamentale. La loi, en déclarant révocables les donations entre époux, a-t-elle entendu en faire des legs, ou tout au moins des donations à cause de mort, ou bien a-t-elle voulu leur laisser le caractère de donations entre-vifs? Plusieurs systèmes ont été émis sur ce point controversé dès la promulgation du Code.

Dans un premier système, aujourd'hui presque universellement abandonné, on soutient que les donations entre époux ne sont que des dispositions testamentaires, ou tout au plus des donations à cause de mort.

Dans un second système, on dit que ces donations ont un caractère mixte où viennent se mélanger les éléments de la donation entre-vifs et les éléments de la donation à cause de mort.

Enfin, d'après un troisième système, ce sont de véritables donations entre-vifs, soumises seulement à la condition résolutoire résultant du droit de révoquer qui est laissé au donateur. C'est ce dernier système que nous adopterons avec la majorité des auteurs, car les deux autres tombent devant cette considération, que notre Code n'admet plus la donation à cause de mort et que l'article 1097 autorise les époux à se faire des donations par actes entre-vifs. L'article 1096 dit bien, il est vrai : « Les donations entre époux, *quoique qualifiées entre-vifs*... » mais cette expres-

sion n'a pas d'autre but que d'indiquer que la donation entre
époux est essentiellement révocable, et que les époux ne
peuvent pas lui enlever ce caractère en déclarant qu'ils
entendent faire une donation entre-vifs ordinaire. Vaine-
ment on nous objecte que la donation entre époux n'a pas
le caractère distinctif de la donation entre-vifs, à savoir
l'irrévocabilité. M. Demolombe a très-bien fait observer que
la révocabilité en soi n'est pas contraire à l'essence de la donation entre-vifs; l'irrévocabilité vient de notre ancien droit
français, qui n'a imprimé ce caractère aux donations que
pour en restreindre le plus possible l'exercice, de manière à
assurer la conservation des biens dans les familles. Mais la
révocabilité aurait très-bien pu être admise en droit commun; par conséquent, en l'admettant dans les donations
entre époux, notre Code ne leur a pas enlevé le caractère de
donations entre-vifs.

Ainsi, nous pouvons poser en principe que les donations
entre époux sont de véritables donations entre-vifs. Nous en
tirerons dans un instant de nombreuses conséquences.

Les futurs époux peuvent, par leur contrat de mariage,
se faire « telles donations qu'ils jugent à propos », toutes
celles, par conséquent, qu'un tiers est autorisé à leur faire,
c'est-à-dire soit une donation de biens présents, soit une
donation de biens à venir, soit une donation cumulative de
biens présents et à venir, soit enfin une donation sous des
conditions potestatives de la part du donateur. Toutes les

donations que les futurs époux peuvent ainsi se faire par leur contrat de mariage sont permises entre époux.

Quelques jurisconsultes objectent cependant contre cette proposition qu'aux termes de l'article 913 les donations entre-vifs ne peuvent comprendre que des biens présents ; que si le législateur s'est relâché de la rigueur de ses principes pour les donations par contrat de mariage, c'est qu'il a voulu faciliter les mariages et encourager les citoyens à s'unir par des liens légitimes, mais que les mêmes motifs n'existent pas pour étendre l'exception aux donations entre époux pendant le mariage. Il suffit, pour lever cette objection, de remarquer que l'article 947 déclare précisément que l'article 943 est inapplicable aux donations dont il est parlé dans le chapitre IX et, par conséquent, aux donations faites entre époux pendant le mariage. D'ailleurs, si, aux termes de l'article 943, on ne peut donner que des biens présents, c'est parce que la donation entre-vifs ordinaire suppose le dessaisissement actuel et irrévocable de la part du donateur, ce que ne suppose pas, au contraire, la donation entre époux, dont la nature, dès lors, ne s'oppose pas à ce que l'on puisse donner des biens à venir.

Ainsi, comme il pouvait déjà le faire par le contrat de mariage, l'un des époux peut, pendant le mariage, donner à son conjoint des biens à venir, c'est-à-dire soit l'universalité des biens qu'il laissera à son décès, soit une fraction de cette universalité, soit enfin une valeur déterminée, car la donation de biens à venir est tantôt universelle, tantôt à titre universel, tantôt à titre particulier ; elle ne dépouille pas le donateur de la possession des choses données, mais elle confère simplement au donataire un droit de succession, droit que son conjoint est toujours libre de lui retirer, puisque la loi l'investit expressément du droit de révoquer sa donation. Le donataire de biens à venir supporte les dettes du donateur exactement comme un légataire : la donation est-elle universelle, le donataire les supporte toutes, mais il n'est tenu qu'*intra vires bonorum* ; est-elle à titre universel, le donataire prend dans les dettes une portion égale à la portion active qui lui est attribuée dans les biens, mais il n'est jamais tenu au delà de son émolument ; enfin, est-elle à titre particulier, le donataire ne contribue point aux dettes.

Au lieu d'une donation pure et simple de biens à venir, les futurs époux peuvent se faire, dans leur contrat de mariage, ce qu'on appelle une donation cumulative de biens présents et à venir : c'est une donation de biens à venir faite avec faculté pour le donataire de recueillir tous les biens que le donateur laissera au jour de son décès, sous la charge de payer toutes ses dettes, ou de s'en tenir aux biens dont il était propriétaire au moment de la donation, sous la charge de payer seulement les dettes dont il était tenu à la même époque. Il semble, au premier abord, que cette sorte de donation soit inadmissible pendant le mariage, car son principal avantage est de permettre au donataire qui renonce aux biens à venir de critiquer l'aliénation des biens présents et de faire tomber les charges dont ils ont été grevés par le donateur postérieurement à la donation. Or, ce droit ne saurait être accordé à l'époux donataire, qui doit respecter, comme nous le verrons, la révocation expresse ou tacite que le donateur a pu faire de sa libéralité. Mais il est évident que l'aliénation des biens précédemment donnés n'emporte révocation de la donation qu'autant qu'elle implique un changement de volonté de la part du donateur ; si donc cette aliénation n'émane pas directement de lui, si elle n'est que la conséquence d'hypothèques légales ou judiciaires ou de saisies pratiquées par ses créanciers, le droit du donataire subsistera, et il pourra l'exercer s'il a eu soin d'observer les formalités nécessaires. De plus, il peut se faire que les biens présents n'aient point été aliénés ni grevés d'hypothèques, mais que le donateur ait, postérieurement à la donation, contracté plus de dettes qu'il n'a acquis de biens ; dans ce cas encore, le donataire de biens présents et à venir aurait intérêt à convertir la disposition en donation de biens présents.

Enfin, les donations entre époux peuvent encore avoir lieu sous une condition potestative de la part du donateur ou sous la réserve de disposer d'un effet ou d'une somme, réserve qui profite, en cas de non-disposition, au donataire, comme lorsqu'il s'agit d'une donation faite par contrat de mariage.

La promesse de donner est obligatoire entre époux ; elle forme un lien de droit et rend l'un des conjoints créancier et l'autre débiteur. Elle doit, en conséquence, recevoir exécution au décès du promettant, si elle n'a pas été révoquée.

Des époux pourraient-ils, par leur contrat de mariage, renoncer au droit de s'avantager ultérieurement ? Pothier le permettait dans notre ancienne jurisprudence ; cette opinion s'expliquait par l'éloignement que l'on avait alors pour tout ce qui portait atteinte à la conservation des biens dans les familles ; mais une telle clause serait aujourd'hui sans valeur, comme portant une atteinte trop profonde à la liberté de disposer. Les époux ne peuvent s'interdire pour l'avenir des actes de reconnaissance au moment même où ils se promettent des sentiments affectueux.

SECTION II

Des formes des donations entre époux.

De ce principe que les donations entre époux sont de véritables donations entre-vifs, il suit qu'en exceptant ce qui tient à la révocabilité, ces donations doivent être régies dans tout le reste, non-seulement quant aux formes et aux effets, mais encore quant à la capacité des parties, par les règles relatives aux donations entre-vifs.

Ainsi, d'abord, quant aux formalités, les donations entre époux doivent se faire par acte notarié dont il reste minute, suivant les formes prescrites par l'article 931 ; l'article 2 de la loi du 21 juin 1843, sur la forme des actes notariés, est positif à cet égard.

Par suite du même principe, ces donations doivent être acceptées expressément ; de plus, quand elles ont pour objet des biens présents, elles sont soumises à la nécessité d'un état estimatif du mobilier ; l'article 947 est ici applicable ; l'état est d'ailleurs très-utile en cas de réduction ou de rapport, et aussi pour que le donateur puisse recouvrer, en cas de révocation, tous les meubles dont il s'était dessaisi.

Pareillement, la donation d'immeubles doit être transcrite ; on objecte que la transcription est sans objet dès que le donateur peut légalement aliéner, soit par donation, soit par vente ou tout autre acte translatif de propriété, les objets donnés à son conjoint. Ceci n'est pas exact ; la transcription reste utile, car elle met obstacle à ce que les immeubles donnés puissent être saisis par les créanciers chirographaires du donateur, et elle les soustrait aux hypothèques légales ou judiciaires nées postérieurement à la donation.

Mais il n'en est plus de même quand il s'agit d'une donation de biens à venir : il ne saurait y avoir, en pareil cas, ni état estimatif pour les meubles, ni transcription pour les immeubles, car il est impossible de savoir au jour de la donation quels sont les biens qui composeront la succession du donateur ; on ne le saura avec certitude qu'au jour de son décès.

Que déciderons-nous dans le cas d'une donation cumulative de biens présents et à venir ? La transcription et l'état estimatif sont-ils alors nécessaires, du moins en ce qui concerne les biens présents ? Quoique la négative ait été fortement soutenue, l'opinion contraire nous paraît de beaucoup préférable, car ces deux formalités sont exigées pour la donation de biens présents entre époux ; or, la donation cumulative de biens présents et à venir peut aboutir à une donation de biens présents ; le donataire qui veut se réserver son droit d'option se trouve donc dans l'obligation de remplir à l'égard des biens présents toutes les conditions nécessaires en cas de donation de biens présents,

SECTION III

De la capacité nécessaire dans les donations entre époux.

C'est toujours d'après les principes des donations entre-vifs qu'il faut régler les questions de capacité dans les donations entre époux. Ainsi, même parvenu à l'âge de seize ans, l'époux mineur ne peut pas faire pendant le mariage une donation à son conjoint. L'article 904 s'applique ici dans toute sa rigueur : « Le mineur parvenu à l'âge de seize aus ne pourra disposer que par *testament* et jusqu'à concurrence seulement de la moitié des biens dont la loi permet au majeur de disposer. » Il est vrai que l'article 1095 fait exception à cette règle à l'égard des donations par contrat de mariage, pour donner à l'époux mineur la faculté de disposer avec la même étendue que s'il était majeur : mais cette exception, spéciale aux donations par contrat de mariage, ne saurait être étendue aux donations faites pendant le mariage.

Toutefois, ceci a été contesté : si l'on consulte la discussion qui a eu lieu au Conseil d'État sur l'article 904, on voit que M. Tronchet s'est exprimé ainsi : « Les donations ne doivent pas être permises au mineur, *parce qu'elles le dépouillent sans retour ;* il convient de limiter aussi en lui la faculté de tester. » Or, a-t-on dit, en présence de ces paroles, il est évident que le législateur n'a eu en vue, dans l'article 904, que les donations entre-vifs ordinaires ; qu'il n'a entendu défendre au mineur que les donations qui le dépouilleraient irrévocablement ; mais les donations entre époux sont toujours et nécessairement révocables ; la prohibition de faire des libéralités entre-vifs ne s'applique donc pas aux dispositions que fait un époux mineur en faveur de son conjoint. Voilà ce qui a été soutenu, mais ce raisonnement, que l'on veut appuyer sur l'esprit de la loi, n'est pas suffisant pour faire admettre une disposition contredite par les textes.

Il n'y a même pas à distinguer s'il s'agit d'une donation de biens présents ou d'une donation de biens à venir : quoique, dans ce dernier cas, l'époux donateur ne se dépouille pas de son vivant et que les effets de sa libéralité, reportés au jour de son décès, ressemblent beaucoup à ceux du testament, acte qu'il lui est permis de faire, sa donation n'est pas moins nulle que s'il donnait en se dessaisissant immédiatement, car la donation entre époux se forme par une convention qui produit un effet actuel : dès que la donation est acceptée, le donateur se trouve lié par un véritable contrat ; il pourra changer plus tard de volonté, mais jusque-là il est obligé.

L'époux qui est pourvu d'un conseil judiciaire peut faire une libéralité à son conjoint, mais seulement avec l'assistance de son conseil (art. 513).

On s'est demandé si la femme mariée avait besoin de l'autorisation de son mari pour lui faire une donation pendant le mariage : oui, évidemment cette autorisation est nécessaire ; mais elle résulte implicitement de l'acceptation que fait le mari de la libéralité qui lui est offerte, acceptation sans laquelle la donation serait nulle.

On s'est également demandé si une femme pouvait valablement donner à son mari qui la soigne comme médecin pendant sa dernière maladie : à ne consulter que le texte de l'article 909, il faudrait se décider en faveur de la négative, car la règle qu'établit cet article est générale et ne fait pas de distinction; mais pourtant on s'accorde à reconnaître que la qualité de mari effaçant celle de médecin et faisant cesser les méfiances de la loi, il n'y a pas lieu d'appliquer dans notre hypothèse l'incapacité ordinaire. Toutefois, si le médecin a épousé la malade pendant la maladie dont elle est morte, et si d'autre part la libéralité dont elle l'a gratifié a été faite pendant le cours de la même maladie, postérieurement au mariage, la Cour de cassation annule la donation lorsqu'il est clairement démontré qu'il y a eu de la part du médecin une spéculation sordide.

La femme mariée sous le régime dotal peut-elle disposer de ses immeubles dotaux au profit de son mari? Il faut distinguer deux hypothèses, celle d'une donation de biens présents et celle d'une donation de biens à venir.

1° La donation de biens présents qu'une femme dotale fait à son mari est-elle valable? Aux termes de l'article 1554, « les immeubles constitués en dot ne peuvent être ni aliénés ni hypothéqués pendant le mariage, ni par le mari, ni par la femme, sauf les exceptions portées aux articles suivants; » or, la donation entre époux étant par sa nature une donation entre-vifs, dessaisit immédiatement la femme donatrice, la dépouille de son bien : il y a donc là une véritable aliénation, qui ne peut échapper à la règle prohibitive de l'article 1554.

2° Faut-il décider de même si, au lieu d'une donation de biens présents, il s'agit d'une donation de biens à venir?

La question est vivement discutée : pour la résoudre, changeons un instant l'hypothèse et supposons que le donataire est non pas le mari, mais un tiers qui va contracter mariage. Nous venons de voir que la femme mariée sous le régime dotal est incapable d'aliéner ses biens dotaux : or, l'institution contractuelle comporte une aliénation immédiate, car elle prive à l'instant même le donateur du droit de disposer gratuitement des biens compris dans la donation ; la femme dotale qui donnerait à un tiers par voie d'institution contractuelle ses immeubles dotaux ne pourrait plus dans la suite employer ces mêmes biens à l'établissement de ses enfants, et l'inaliénabilité des immeubles dotaux a été établie tant dans l'intérêt des enfants que dans celui de la femme. La femme dotale ne peut donc disposer de ses immeubles dotaux au profit d'un tiers sous la forme d'une donation de biens à venir. S'il en est ainsi, elle ne doit pas non plus pouvoir en disposer sous cette forme au profit de son mari pendant le mariage, car il y aurait aliénation à son égard aussi bien qu'à l'égard d'un tiers. Les donations entre époux sont, il est vrai, toujours révocables, mais cette révocabilité n'empêche pas qu'il y ait entre l'époux donateur et l'époux donataire un engagement présent, et cet engagement, la femme ne peut le contracter sur ses biens dotaux. Et puis il faut ajouter qu'en fait la femme, après avoir gratifié son mari, ne serait souvent pas libre de le dépouiller en faveur, par exemple, d'un enfant qu'elle aurait eu d'un précédent mariage. Nous sommes donc conduits à donner pour la donation de biens à venir, en ce qui concerne les immeubles dotaux, la même solution que pour la donation de biens présents.

Les peines perpétuelles, qui entraînaient la mort civile et par suite la dissolution du mariage, n'ont plus cet effet depuis la loi du 31 mai 1854; mais elles rendent le condamné incapable de donner ou de recevoir à titre gratuit : par conséquent, si un époux est frappé d'une peine afflictive perpétuelle, toute libéralité entre lui et son conjoint après la condamnation serait absolument nulle.

Que devient la donation faite entre époux lorsque le mariage est postérieurement annulé? La cour de Paris a décidé (1" août 1818) que lorsqu'un mariage a été déclaré nul parce que l'un des époux était déjà marié, les héritiers collatéraux de l'époux qui était de bonne foi sont recevables à demander la nullité des donations que leur auteur avait faites à son conjoint bigame. Ainsi, la nullité du mariage n'autorise pas à valider la donation comme faite entre étrangers. On considère, en effet, que celui qui donne à la femme qu'il croit avoir légitimement épousée, ne le fait le plus souvent que par cela même qu'il la regarde comme son épouse. Mais si c'est à l'époux de bonne foi que la donation est faite, elle doit être maintenue : car le mariage putatif produit les mêmes effets que le mariage valable à l'égard de l'époux de bonne foi.

Enfin, il résulte d'un arrêt de la Cour de cassation du 4 mars 1857 qu'un étranger peut, pendant le mariage, faire en France une donation entre-vifs à sa femme, alors même que la loi de son pays interdit entre époux toutes libéralités autres que celles faites par actes de dernière volonté, cette interdiction ne constituant qu'un statut réel en harmonie avec le statut prohibitif de la communauté conjugale, empreint du même caractère et circonscrit quant à son application dans les mêmes limites.

A quelle époque doit-on se placer pour apprécier la capacité des parties dans les donations entre mari et femme? Pas de difficulté lorsqu'il s'agit d'une donation de biens présents: il faut alors s'attacher uniquement à l'époque de la confection de la donation, puisque c'est à cette époque que le donateur se dépouille et que le donataire acquiert les droits réels ou personnels qui résultent de la libéralité; peu importe que l'une des parties devienne ensuite incapable de disposer ou de recevoir à titre gratuit : ainsi, une donation de biens présents faite entre époux pendant le mariage reste valable malgré la condamnation à une peine afflictive perpétuelle dont l'un des époux serait ultérieurement frappé.

Mais lorsqu'il s'agit d'une donation de biens à venir, on est loin d'être d'accord. Certains jurisconsultes exigent alors à l'époque du décès du donateur la double capacité de disposer dans la personne du donateur et de recevoir dans celle du donataire (Duranton, tome IX, n° 778). D'autres se contentent de la capacité des deux parties au moment où est faite la libéralité, comme dans le cas d'une donation de biens présents (Demolombe). Nous croyons au contraire, avec Troplong (tome IV, n° 2650), avec Aubry et Rau (tome VI, n° 280), qu'il y a lieu de faire une distinction entre le donateur et le donataire. Suivant nous, il suffit que le donateur soit capable au moment de la confection de la donation, car dès ce moment il est obligé ; mais il faut que le donataire soit capable et au jour de la donation, puisqu'il acquiert, dès ce moment, un droit certain, et au jour du décès du donateur, puisque ce n'est qu'à cette époque qu'il devient propriétaire des biens donnés.

SECTION IV

Des effets des donations entre époux.

Occupons-nous d'abord des effets de la donation entre époux quand elle a pour objet des biens présents. En droit romain, la donation entre époux était nulle en principe, mais cette nullité pouvait être effacée rétroactivement par la confirmation résultant du prédécès du donateur sans révocation. Il n'en est pas de même sous le Code civil : la donation entre époux est, dans notre droit, un acte parfaitement licite, mais révocable au gré du donateur. Il suit de

là que l'époux donataire est saisi par le seul effet de la convention, et qu'il devient immédiatement propriétaire des
biens donnés, de telle sorte que ces biens se trouvent à l'a-
bri des poursuites qui pourraient être dirigées par les créanciers du donateur pour dettes contractées par celui-ci postérieurement à la donation, et ne sont pas soumis de son
chef aux hypothèques légales ou judiciaires qui ne seraient
devenues efficaces que depuis la transcription de la donation. Saisi par le seul fait de son acceptation (sauf la condition de non-révocation), le donataire fait les fruits siens et
n'est assujetti à aucune demande en délivrance.

Au contraire, selon quelques auteurs, le donataire de
biens à venir (ou de biens présents et à venir) ne serait pas
saisi, et il ne pourrait se mettre en possession des biens
donnés qu'après avoir formé une demande en délivrance.
Nous n'admettons pas cette doctrine : comme les donations
entre-vifs ordinaires, les donations entre époux, même de
biens à venir, sont de véritables contrats qui opèrent par
eux-mêmes la transmission de la propriété sans qu'il soit
besoin d'une tradition ; par la donation de biens à venir, le
donataire acquiert un droit de succession, et ce droit il en
est saisi dès que la donation a été acceptée : il n'y a donc pas
besoin d'une demande en délivrance, et par suite le donataire a droit aux fruits du jour du décès.

Si les libéralités faites par l'époux donateur excèdent la
quotité disponible, la donation qu'il a faite à son conjoint

pendant le mariage n'est réductible qu'après l'entier épuisement des legs ; s'il y a d'autres donations entre-vifs, elle n'est soumise à la réduction qu'à sa date, après les donations qui lui sont postérieures. On a encore contesté la justesse de cette application du principe général : on a dit que l'époux qui, après avoir gratifié son conjoint, fait à une tierce personne une libéralité qui dépasse la quotité disponible, montre sa volonté de révoquer la donation précédemment faite à son conjoint, au moins jusqu'à concurrence de ce qui est nécessaire à la validité de la seconde donation. Nous reconnaissons bien qu'il peut en être ainsi dans certaines circonstances, et notamment si la seconde donation porte sur les mêmes objets que la première : en pareille hypothèse, nous ne faisons aucune difficulté d'admettre que la libéralité faite au conjoint devra être réduite avant l'autre ; mais nous soutenons qu'en règle générale, la donation entre époux ne doit être réduite qu'à son rang, attendu qu'aucune révocation ne résulte implicitement d'une donation postérieure : on peut en effet très-bien supposer que l'époux donateur, en faisant une libéralité nouvelle après celle qu'il avait faite à son conjoint, n'a pas cru dépasser les limites de son disponible, ou bien qu'il a pensé pouvoir encore augmenter son patrimoine de manière à parfaire la réserve de ses héritiers sans qu'il y ait lieu de réduire ses libéralités.

Déciderons-nous de même si, au lieu d'une donation de

biens présents, l'un des époux a fait à l'autre une donation de biens à venir? On enseigne généralement que la donation de biens à venir entre époux n'est réductible qu'après les legs, mais qu'elle doit être réduite avant de toucher aux autres donations entre-vifs, même postérieures en date. C'est là un système tout à fait arbitraire, qui crée un ordre de réduction dont on ne trouve aucune trace dans notre droit: il n'y a que deux manières de disposer de ses biens à titre gratuit : les dispositions testamentaires, réductibles au marc le franc avant les donations entre-vifs, et les donations entre-vifs, réductibles à leur date seulement et après les legs ; si l'on rejette le premier mode de réduction, et si d'autre part on reconnaît que les libéralités entre époux sont de véritables donations entre-vifs, il est impossible de ne pas en conclure que les libéralités entre époux, même de biens à venir, ne sont réductibles qu'à leur date.

Les donations entre époux pendant le mariage deviennent-elles caduques par le prédécès du donataire? C'est là une des questions les plus discutées de notre matière : les donations de biens à venir ou de biens présents et à venir, ainsi que les donations sous conditions potestatives, faites entre époux pendant le mariage, sont certainement caduques par le prédécès du donataire ; le Code, il est vrai, ne le dit pas expressément, mais l'article 1093 prononce cette caducité dans le cas où ces donations sont faites par contrat de mariage : or, s'il en est ainsi à l'égard de contrats irré-vocables, il doit en être de même à plus forte raison à l'égard de libéralités révocables.

Mais cette caducité s'étend-elle aux donations de biens présents que les époux peuvent se faire ? La donation de biens présents entre époux n'est pas, selon nous, caduque par le prédécès du donataire. Ce système est repoussé par la majorité des auteurs, qui se fondent sur cet argument principal, que la révocabilité doit toujours entraîner la cadu-cité par suite du prédécès du donataire ; en effet, dit-on, 1° il en était ainsi en droit romain et dans notre ancien droit écrit ; 2° le Code civil lui-même place la révocabilité et la caducité sur la même ligne dans les articles 1089 et 1093 ; 3° dans l'article 1096, il n'indique que la révocabi-lité, mais elle est plus complète que dans tout autre cas : la caducité en est donc la conséquence forcée. — Mais la so-lution contraire me parait être la conséquence logique et nécessaire du principe, déjà si souvent appliqué, que la do-nation entre mari et femme est une véritable donation entre-vifs entraînant tous les effets de ce mode de dispo-ser, sauf en ce qui concerne la révocabilité.

A Rome et dans les pays de droit écrit, les donations entre époux étaient caduques par le prédécès du donataire ; mais pourquoi ? Parce que ces donations, nulles en principe et validées seulement par le silence du donateur jusqu'à sa mort, ne conféraient la saisine au donataire qu'au décès du donateur. Mais il n'en est plus de même dans notre droit : la donation entre époux est valable par elle-même ; au lieu d'être soumise à la condition suspensive de la confirmation, elle est subordonnée à la condition résolutoire de la révocation : son effet est donc immédiat, sauf révocation : si le donataire meurt encore saisi, il doit nécessairement transmettre à ses héritiers les biens donnés.

D'ailleurs, cette caducité n'est établie directement par aucun texte de loi, et les inductions que l'on prétend tirer de certains articles sont insuffisantes à établir une règle qui n'est pas en rapport avec les principes de la matière. On argumente d'abord contre notre système de l'article 1086, combiné avec l'article 1089 : on voit, dit-on, dans l'article 1089 la preuve que la loi associe d'ordinaire la révocabilité et la révocation de plein droit par le prédécès, et de ce que les donations faites dans les termes de l'article 1086 sont révoquées au cas de prédécès, on conclut que celles faites entre époux étant plus facilement révocables, doivent *à fortiori* être soumises à la même chance de résolution. Mais il est facile de répondre à cet argument : Si les donations faites sous des conditions potestatives, aux termes de l'article 1086, sont révoquées de plein droit en cas de prédécès, c'est afin d'encourager ces libéralités, qui peuvent faciliter le mariage : le législateur a considéré que la faculté de révocation dont ces donations sont affectées ne dépendant pas exclusivement de la volonté du donateur, ne serait peut-être pas susceptible d'être exercée librement après le prédécès du donataire, et il a alors décrété en pareil cas la résolution de plein droit ; mais une telle crainte étant impossible quant à la donation entre époux révocable *ad nutum*, le législateur a jugé inutile d'étendre à ces donations la résolution de plein droit.

Nous devons également repousser l'argument que l'on a tiré contre nous de l'article 1092. Si le Code a cru devoir, a-t-on dit, déclarer affranchies de la condition de survie les donations de biens présents entre futurs époux par contrat de mariage, qui sont des libéralités irrévocables, à plus forte raison aurait-il dû le dire, si telle eût été sa pensée, pour des libéralités essentiellement révocables. Aussi l'article 1092 montre-t-il clairement l'intention du législateur de soumettre à cette condition les donations faites pendant le mariage. Telle n'est pas, selon nous, la pensée qui a inspiré le législateur ; s'il a cru devoir déclarer que la donation de biens présents par contrat de mariage n'est pas soumise à la condition de survie, ce n'est pas pour subordonner à cette condition les donations de biens présents faites pendant le mariage, mais bien plutôt celles de biens à venir également faites par contrat de mariage ; en d'autres termes, l'article 1092 fait opposition non pas à l'article 1096, mais à l'article 1093. Et ces deux articles 1092 et 1093 ainsi rapprochés montrent bien que la question de savoir si telle donation entre époux devient ou non ca-

duque par le prédécès du donataire doit se résoudre
d'après la nature des biens qui en sont l'objet et non d'après
sa révocabilité ou son irrévocabilité, puisque la donation
de biens à venir, caduque aux termes de l'article 1093 par
le prédécès de l'époux donataire, n'est pas moins irrévocable, quant au titre, que la donation de biens présents, non
caduque aux termes de l'article 1092.

En définitive, l'article 1096, en permettant aux époux
de se faire des libéralités entre eux sans déterminer les
limites de cette faculté, a dû entendre se référer, quant aux
points qu'il n'a pas spécialement prévus, aux dispositions
des articles précédents qui règlent les donations entre
futurs conjoints. Si donc, aux termes de l'article 1092, la
donation de biens présents entre futurs époux n'est pas
censée faite sous la condition de survie du donataire,
cette règle, dans le silence de l'article 1096, doit régir
aussi les donations faites durant le mariage.

Du reste, l'époux donateur peut toujours stipuler le droit
de retour, pour le cas de prédécès de son conjoint, des
biens présents qu'il lui donne entre-vifs pendant le mariage, et nous verrons bientôt qu'à défaut de cette stipulation le donateur conserve le droit de révocation à l'égard
des héritiers du donataire prédécédé ; aussi la question que
nous venons d'étudier ne présente-t-elle réellement d'intérêt que dans le cas où le donateur serait, pour une
cause ou pour une autre (pour cause d'interdiction par

exemple), dans l'impossibilité d'exercer son droit de révocation.

SECTION V.

De la révocabilité des donations entre époux.

Nous avons maintenant à nous occuper de la révocabilité
des donations entre époux. C'est là leur trait caractéris-
tique : l'article 1096, en donnant aux époux le droit de
s'avantager pendant le mariage, a voulu que leurs libéralités
fussent essentiellement révocables. Cette révocabilité produit un double effet : elle assure la liberté des conjoints,
puisqu'elle permet à celui qui s'est laissé arracher une
donation de la révoquer dès qu'il a recouvré son indépendance, et, de plus, elle excite le donataire à continuer ses
bons procédés envers le donateur, de manière à éviter la
révocation des avantages précédemment faits.

C'est une révocabilité absolue, *ad nutum*, au gré du donateur, sans qu'il ait aucun motif à donner de son changement de volonté ; aussi, toute clause par laquelle le disposant
renoncerait à la faculté de révoquer sa libéralité devrait-
elle être considérée comme non avenue ; et, pour assurer à
l'époux le plus faible l'intégrité de son droit, l'article 1096
veut que la femme donatrice puisse révoquer sa libéralité
sans avoir besoin de l'autorisation ni de son mari ni de la

justice ; enfin, nous verrons plus loin que le Code, dans l'article 1099, prononce la nullité des donations faites sous une forme pouvant mettre obstacle au droit de révocation.

Le droit de révoquer une libéralité est exclusivement personnel au donateur ; lui seul est juge de ce qu'il convient de faire ; ses créanciers ne pourraient pas exercer son droit en son nom et révoquer de son chef la donation qu'il aurait faite à son conjoint ; l'article 1166, qui leur accorde le pouvoir d'exercer tous les droits et actions de leur débiteur, en excepte ceux qui sont exclusivement attachés à sa personne ; or, s'il est un droit exclusivement attaché à la personne du débiteur, c'est bien celui de révoquer comme époux la donation qu'il aurait faite à son conjoint. Les créanciers pourraient uniquement intenter l'action paulienne, à la condition de prouver que la donation a été faite par leur débiteur à son conjoint en fraude de leurs droits.

Toutes les donations sans exception, directes ou indirectes, que les époux peuvent se faire, sont révocables : ainsi, les donations manuelles, les remises de dettes, etc., sont régies par l'article 1096. Quant aux libéralités déguisées sous l'apparence de contrats à titre onéreux, nous nous en occuperons plus loin.

La révocation des donations entre époux peut être expresse ou tacite. Le Code n'a pas déterminé les formes de la révocation expresse. Avant la loi de 1813, quelques auteurs concluaient de ce silence de la loi, que le point de savoir si telle ou telle circonstance manifestait suffisamment l'intention de révoquer était une simple question de fait laissée à l'interprétation souveraine des tribunaux, et qu'ainsi la révocation pouvait avoir lieu par une simple déclaration du donateur, contenue dans un acte sous seing privé. Mais la doctrine commune était déjà que l'on devait se reporter aux règles fixées par les articles 1035 et 1038 pour la révocation des testaments, car la révocation d'une donation entre-vifs, d'un contrat transférant un droit actuel et immédiat, ne peut pas être plus facile que celle d'un testament. La loi du 21 juin 1843 a confirmé cette doctrine, en assimilant les actes notariés contenant la révocation d'une donation entre époux aux actes notariés contenant la révocation d'un testament, et en soumettant même les uns et les autres à des formes plus solennelles que les actes notariés en général. Il résulte de là que la révocation des donations entre époux ne peut avoir lieu expressément que par une déclaration faite devant notaire avec la présence réelle du second notaire ou des deux témoins (art. 12 de la loi du 21 juin 1843), ou par un testament postérieur.

La révocation peut, de plus, avoir lieu tacitement, par suite des mêmes faits et actes d'où résulte la révocation tacite des testaments. Ainsi, point de doute que la libéralité faite au conjoint ne soit révoquée par une donation ou un testament faits postérieurement et ayant pour objet

les mêmes biens qui lui avaient été précédemment donnés.
De même, si un époux vend à un tiers le bien qu'il avait
donné à son conjoint, il révoque par cela même sa donation.
Et il n'y a pas à distinguer si la vente a été pure et simple
ou si elle a été faite à réméré ; peu importe que le bien
aliéné soit rentré ensuite entre les mains du donateur ; l'a-
liénation même nulle emporte révocation, à moins que l'an-
nulation ne tienne à une cause qui montre bien, comme la
violence, que le donateur n'avait pas l'intention d'aliéner.

L'établissement par le donateur de droits d'usufruit ou
de servitude sur les biens donnés aurait également pour
effet de restreindre la donation dans la limite de ces droits.

Une donation entre époux ne serait pas révoquée par
une simple constitution d'hypothèque consentie sur les
biens donnés ; mais les héritiers du donateur ne seraient
pas obligés de dégager l'immeuble hypothéqué, qui reste-
rait grevé au préjudice du donataire (art. 1020), sauf le
recours que ce dernier aurait contre eux s'il avait acquitté
la dette pour éviter l'action hypothécaire des créanciers.

La révocation ne résulterait pas, à plus forte raison, de
simples dettes chirographaires que l'époux donataire aurait
contractées depuis la donation.

Enfin, il est impossible de considérer comme une révocation tacite le seul fait du donateur d'avoir, par des donations postérieures, excédé la quotité disponible, lorsque ces
donations ne portent pas sur les mêmes objets que ceux

dont il avait précédemment disposé en faveur de son conjoint. En vain dit-on qu'en pareil cas le donateur est censé avoir voulu que la réserve se prît d'abord sur la donation qu'il avait la faculté de révoquer; ce n'est là qu'une pure conjecture que la loi n'a pas consacrée, et à juste titre, car le donateur a très-bien pu se croire plus riche qu'il ne l'était réellement; l'atteinte qu'il a portée à la réserve peut aussi avoir été le résultat de revers de fortune survenus postérieurement à ses dernières dispositions; ainsi, voir dans ces dispositions une révocation tacite de la donation faite en faveur de son conjoint, ce serait s'exposer à méconnaître l'intention véritable du défunt et à contrarier ses affections les plus sacrées.

Le droit de révocation, nous l'avons déjà dit, est un droit personnel à l'époux donateur, il n'est pas transmissible à ses héritiers; sa mort rend donc la libéralité irrévocable (arrêt de la cour de Dijon du 10 avril 1867).

Mais le donateur peut révoquer tant qu'il existe, peu importe que le donataire vive ou soit prédécédé; la révocation est possible contre ses héritiers aussi bien que contre lui-même.

La révocation entraîne pour le donataire l'obligation de restituer tout ce qu'il a reçu; on lui permet de conserver seulement les fruits des biens donnés. La révocation fait même tomber les droits acquis aux tiers du chef du donataire : il n'avait en effet qu'un droit résoluble suivant la volonté du donateur, il n'a donc pu transférer à ses ayants cause qu'un droit affecté de la même chance de résolution : *Resoluto jure dantis, resolvitur jus accipientis.* Il en est autrement en cas de révocation pour cause d'ingratitude, parce qu'en pareil cas la révocation est une peine qui ne doit frapper que le coupable ; mais ici la révocabilité étant de l'essence même de la donation entre époux, les tiers, en traitant avec le donataire, ont dû connaître le danger auquel ils s'exposaient et prendre leurs précautions en conséquence tant pis pour eux s'ils ne l'ont pas fait. Je reconnais du reste que ce système a le grand inconvénient de paralyser le crédit du donataire, mais on ne pouvait corriger cet inconvénient sans s'exposer à de plus grands encore.

Afin de laisser aux époux toute liberté de révoquer les libéralités qu'ils se seraient faites pendant le mariage, la loi leur défend de s'avantager par un seul et même acte, soit entre-vifs, soit par testament (art. 1097). Déjà elle avait défendu entre étrangers les testaments mutuels et conjonctifs (art. 968) ; il y avait même motif à une même défense dans le cas qui nous occupe. En effet, la loi considère avec raison que la révocation ne serait plus aussi libre pour celui qui a reçu autant, plus peut-être qu'il n'a donné, et qui, de plus, a reçu par le même acte : les deux libéralités pourraient et, jusqu'à un certain point, devraient être considérées comme la condition l'une de l'autre. Mais alors il y a un double danger : ou la révocabilité est détruite, et l'époux repentant de sa libéralité reste désarmé par l'effet de ses scrupules ; ou bien un époux déloyal, après avoir déterminé l'autre à une donation mutuelle en faveur du survivant, révoquera pour sa part, mais secrètement, afin de pouvoir invoquer la donation s'il survit, et de la faire tomber s'il meurt le premier. La loi a répondu à ce dangereux dilemme en prohibant les libéralités conjonctives entre époux.

Du reste, il ne leur est pas défendu de se faire le même jour et devant le même notaire deux donations distinctes ; la séparation en quelque sorte matérielle des libéralités avertit suffisamment les époux qu'elles ne sont pas la condition l'une de l'autre.

Toujours révocables par la simple volonté du donateur, les libéralités entre époux le sont aussi pour cause d'inexécution des conditions et pour cause d'ingratitude, car l'article 959, qui affranchit les donations en faveur du mariage de cette dernière cause de révocation, n'est évidemment pas applicable ici, car les donations qui ont lieu pendant le mariage n'interviennent pas pour aider à le contracter. Ce n'est qu'à l'égard des donations entre futurs époux par contrat de mariage que peut s'élever la question de savoir si ces donations sont révocables pour cause d'ingratitude ; et même, sur cette question, j'adopterais l'affirmative, car je crois que l'article 959 n'est applicable qu'aux donations faites aux époux ou à l'un d'eux par des tiers.

On conçoit que nos deux dernières causes de révocation (inexécution des conditions et ingratitude) seront ordinairement inutiles quant au donateur, puisque, toujours libre de révoquer à sa fantaisie, il n'a pas besoin d'invoquer une cause légitime de révocation ; mais elles seraient fort utiles pour les héritiers du donateur, et aussi pour le donateur lui-même, qu'une interdiction mettrait hors d'état d'avoir en droit sa volonté propre.

Enfin, les donations entre époux sont révoquées de plein droit par la séparation de corps prononcée contre l'époux donateur, en vertu de l'article 299, qui porte que « l'époux contre lequel le divorce a été admis perdra tous les avantages que l'autre époux lui avait faits, soit par leur contrat de mariage, soit depuis. » Je crois que cet article s'applique à la séparation de corps comme au divorce. C'est en ce sens que s'est prononcée la Cour de cassation dans son arrêt solennel du 23 mai 1845, et la jurisprudence n'a pas varié depuis sur ce point.

Au contraire, les libéralités entre époux ne sont pas révoquées pour cause de survenance d'enfant (art. 1096) ; la raison nous en est donnée par Pothier. « Il est, dit-il, indifférent aux enfants de trouver les biens donnés dans la succession du donateur ou dans celle du donataire, car l'un et l'autre sont également intéressés à les leur conserver. » Mais alors, pour être logique, la loi eût dû s'exprimer ainsi : « La donation faite par l'un des époux à l'autre ne sera pas révoquée par la survenance d'un *enfant commun.* » Malheureusement, cette distinction n'a pas été faite ; le législateur n'a pas pensé au cas où le donateur resté veuf sans enfants se remarierait et aurait des enfants de son second mariage. Du reste, le donateur étant toujours libre de revenir sur sa libéralité, cet oubli est de peu d'importance.

CHAPITRE II

DE LA QUOTITÉ DISPONIBLE ENTRE ÉPOUX

Dans notre ancienne France, les pays de droit écrit avaient emprunté au droit romain la *quarte du conjoint pauvre;* de leur côté, les pays de droit coutumier avaient établi le *douaire,* l'*augment de dot* et le *contre-augment,* afin d'assurer au conjoint survivant une existence digne de la famille. Le Code civil n'a rien conservé de ces institutions. Nos législateurs ont voulu qu'un époux n'obtînt que de l'attachement et de la reconnaissance de son conjoint ce qui lui était anciennement conféré de plein droit. Mais les libéralités entre époux sont souvent l'acquittement d'une dette naturelle résultant de l'obligation de secours qui existe entre le mari et la femme pendant le mariage et qui survit à sa dissolution. Il était donc tout naturel que l'on élargît entre époux le champ de la quotité disponible ordinaire, de manière à permettre à chacun d'assurer la position de son conjoint, sans toutefois dépasser la limite convenable. Tel est le but que se sont proposé nos législateurs dans les articles 1094 et 1098, que nous avons maintenant à étudier.

Remarquons tout d'abord que la quotité disponible est la même pour les donations par contrat de mariage et pour les dispositions entre-vifs ou testamentaires faites pendant le mariage; que l'époux mineur, qui ne peut faire aucune donation à son conjoint pendant le mariage, peut disposer à son profit par testament de la moitié de ce qu'il pourrait lui laisser s'il était majeur (art. 903); enfin, que le chiffre de la quotité disponible entre époux, de même que le *quantum* de la quotité disponible ordinaire, ne peut être déterminé qu'à la mort du donateur ou du testateur, car ce chiffre dépend tout à la fois de l'état de sa fortune à cette époque et du nombre et de la qualité de ses héritiers.

Quatre cas doivent être prévus : 1° celui où l'époux disposant ne laisse aucun héritier à réserve; 2° celui où il ne laisse aucun descendant, mais où il laisse des ascendants; 3° celui où le disposant laisse des enfants issus de son mariage avec le donataire, des enfants communs (art. 1094, 2ᵉ alinéa) ; 4° enfin celui où il laisse des enfants issus d'un mariage précédent (art. 1098). Nous allons examiner successivement chacune de ces hypothèses.

1ᵉʳ Cas. — *Le disposant ne laisse aucun héritier à réserve.*

Lorsque l'époux donateur n'a ni ascendants ni descendants et qu'il ne laisse pour héritiers que des parents collatéraux, il peut disposer au profit de son conjoint de la totalité de ses biens, comme il pourrait en disposer au profit d'un étranger. Pas de difficulté sur ce point.

2° Cas. — *Le disposant ne laisse pas d'enfants, mais il laisse des ascendants.*

La quotité disponible entre époux est alors plus forte que la quotité disponible ordinaire : aux termes de l'article 1094, 1er alinéa, l'époux qui laisse pour héritiers des ascendants peut donner à son conjoint tout ce qu'il pourrait donner à un étranger, et, en outre, l'usufruit de la totalité de la réserve; ainsi, s'il laisse des ascendants dans l'une et l'autre ligne, il peut disposer au profit de son conjoint de la moitié de ses biens en pleine propriété et de l'autre moitié en usufruit; s'il ne laisse d'ascendants que dans une ligne, il peut disposer en faveur de son conjoint des trois quarts en pleine propriété et du quart en usufruit. Les ascendants peuvent donc se trouver réduits à une nue propriété : voilà à quoi se borne leur réserve. Il est bien permis de critiquer une pareille disposition : attribuer une nue, propriété à des ascendants, vraisemblablement plus âgés que leur bru ou leur gendre, qu'est-ce autre chose, comme on l'a très-bien remarqué, que de leur donner un os à ronger ? On ne peut expliquer la disposition de l'article 1094 (1er alinéa) que par le désir qu'avait le législateur d'étendre le plus possible la quotité disponible en faveur du conjoint, tout en conservant la propriété des biens aux héritiers légitimes du donateur. Mais le plus souvent, les ascendants ne pourront retirer pour eux-mêmes quelque utilité de leur réserve qu'en aliénant précisément cette propriété.

A défaut des père et mère, les aïeuls et aïeules n'ont droit à la réserve qu'autant que le défunt ne laisse pas de frères et sœurs ou descendants d'eux ; ceux-ci n'ont eux-mêmes jamais droit à une réserve ; si donc un époux, légataire universel, se trouve en présence d'un aïeul et de frères et sœurs du disposant son conjoint, il a droit à toute la succession. Mais doit-on admettre, en pareil cas, les frères et sœurs à répudier la succession de manière à donner ouverture aux droits des ascendants ?

Deux systèmes ont été présentés sur ce point : dans un premier système, on admet les frères et sœurs à renoncer à la succession, car, dit-on, nul n'est héritier qui ne veut. Par suite de leur renonciation, ils sont réputés n'avoir jamais été héritiers ; dès lors, rien ne fait plus obstacle aux droits des ascendants, rien ne les empêche plus de réclamer leur réserve et de demander la réduction des donations qui l'entament.

Dans un second système, on répond que la renonciation que feraient les frères et sœurs serait entièrement nulle, car n'étant pas appelés à la succession, puisqu'elle s'est ouverte en la personne du légataire universel, lequel en est saisi de plein droit (art. 1006), il ne s'est ouvert à leur profit aucun droit qu'ils puissent accepter ou répudier.

Le second système nous paraît préférable au premier, qui amènerait souvent des conséquences immorales; les frères et sœurs pourraient mettre, pour ainsi dire, aux enchères leur acceptation ou leur renonciation; ils renonceraient si l'ascendant leur offrait plus que le légataire universel; ils accepteraient dans le cas contraire. Ils obtiendraient ainsi par voie indirecte la réserve que la loi leur refuse. Les mêmes dangers ne sont plus à craindre en admettant le second système.

3ᵉ Cas. —*Le disposant laisse des enfants issus de son mariage avec le donataire.*

L'époux qui laisse des enfants communs peut donner à son conjoint ou un quart en propriété et un autre quart en usufruit, ou bien la moitié de tous ses biens en usufruit seulement (art. 1094, *in fine*). Ainsi, tandis que la quotité disponible ordinaire varie selon le nombre des enfants qu'a laissés le conjoint, qu'elle est de moitié s'il n'a laissé qu'un enfant, d'un tiers s'il en a laissé deux, d'un quart s'il en à laissé trois ou un plus grand nombre (art. 913), la quotité disponible entre époux ne varie pas avec le nombre des enfants : que le défunt en ait laissé un, deux ou davantage, la quotité disponible est toujours la même : c'est dans tous les cas un quart en propriété et un quart en usufruit, ou moitié en usufruit seulement. Il suit de là que la quotité disponible spéciale de l'article 1094 est tantôt plus forte et tantôt moins forte que la quotité disponible ordinaire; elle est plus forte quand le défunt laisse trois enfants ou davantage, car il ne pourrait, en pareil cas, donner à un étranger qu'un quart en pleine propriété, tandis qu'il peut donner à son conjoint un quart en pleine propriété, plus un quart en usufruit; elle est, au contraire, moins forte lorsque le défunt ne laisse qu'un enfant, car il pourrait alors donner à un étranger la moitié de sa fortune en pleine propriété, tandis qu'il ne peut toujours donner à son conjoint qu'un quart en propriété et un quart en usufruit, ou moitié en usufruit seulement.

Telle est la théorie qui résulte des termes de l'article 1094 et qui avait toujours été admise sans aucune contestation, lorsqu'en 1841 un savant professeur de la Faculté de Toulouse, M. Bernech, fit paraître un volume consacré à l'explication de l'article 1094, et dans ce volume il émit cette idée toute nouvelle que l'article 1094, au lieu de fixer une quotité invariable et obligatoire entre époux, constituait seulement une simple faculté, une faveur dont l'époux donataire pouvait user s'il le voulait, mais qu'il pouvait aussi abandonner pour rester dans le droit commun fixé par l'article 913, quand c'était son intérêt. Ce système, développé avec beaucoup de talent, réunit de suite de nombreux partisans parmi nos plus illustres jurisconsultes, et pourtant il n'est pas parvenu à ébranler la jurisprudence, et nous pensons avec elle que la quotité disponible entre époux a été fixée pour tous les cas sans variation aucune par l'article 1094, dont les termes sont aussi clairs que possible.

Les arguments de M. Bernech et des partisans de son système sont tirés de l'examen des textes, des travaux préparatoires du Code, et enfin de l'esprit de notre droit.

1° On fait d'abord remarquer que, lorsque la loi ne permet pas de disposer au delà d'une certaine quotité, sa formule est toujours prohibitive ou limitative; c'est ainsi que nous lisons dans l'article 913 : « Les libéralités ne pourront excéder... »; dans l'article 1098 : « L'homme ou la femme ne pourra donner que... » Mais il n'en est pas de même dans l'article 1094 : « L'époux pourra donner.... » Cela n'a plus rien de prohibitif, et cette différence d'expression montre bien, dit-on, qu'il s'agit d'une faculté, d'une faveur que l'on accorde aux époux, et que l'intention de la loi a été d'augmenter et non de restreindre à leur égard la quotité disponible. Cet argument ne me paraît nullement concluant, car permettre de disposer jusqu'à concurrence d'un certain chiffre, ou défendre de disposer au delà de ce chiffre, cela ne revient-il pas exactement au même? D'ailleurs, si l'article 1094 n'est pas formellement prohibitif, on ne peut refuser ce caractère à l'article 1099. « Les époux, y est-il dit, ne peuvent se donner indirectement au delà de ce qui est permis par les dispositions ci-dessus. » Il est hors de doute que la loi entend viser par là aussi bien l'article 1094 que l'article 1098. Est-il besoin d'ajouter à l'appui de cette interprétation que M. Bigot Préameneu, dans son exposé des motifs sur l'article 1094, en a parfaitement constaté le caractère limitatif : « Si l'époux laisse des enfants, ses donations ne pourront comprendre que... » ?

2° Les partisans du système contraire insistent pourtant et prétendent trouver la confirmation de leur opinion dans les travaux préparatoires du Code : d'après le projet primitif, le père de famille, quel que fût le nombre de ses enfants, ne pouvait donner à un étranger que le quart de ses biens (art. 16), mais il pouvait disposer au profit de son conjoint non-seulement d'un quart en propriété, mais, en outre, d'un autre quart en usufruit (art. 151); ainsi, la quotité disponible entre époux était dans tous les cas supérieure à la quotité disponible ordinaire. Plus tard, quand on a modifié la première disposition, a-t-on voulu changer l'esprit de la seconde, qu'on laissait subsister? L'article 1094 est-il devenu défavorable au conjoint après avoir été conçu dans son intérêt? M. Bernech ne le pense pas, et il cite à l'appui de son opinion une observation faite par M. Berlier et prise en considération par le Conseil d'État lors de la discussion de l'article 1098, d'où il résulterait, selon lui, que le conjoint peut recevoir autant qu'un étranger quand il n'y a qu'un enfant issu du mariage. L'article 1098, dans sa première rédaction, défendait à l'époux qui a des enfants d'un premier lit de donner à son nouveau conjoint autre chose que l'usufruit d'une part d'enfant légitime ; Berlier, tout en approuvant la proposition faite par Cambacérès, de convertir l'usufruit en une pleine propriété, demanda que le nouvel époux ne pût jamais recevoir plus du quart, « car, dit-il, s'il n'y avait qu'un enfant ou deux du premier mariage et point du second, le nouvel époux pourrait, en partageant avec eux, avoir la moitié ou le tiers de la succession. » (Fenet, tome XII, p. 416.)

Mais cette observation n'a pas la portée qu'on lui donne ; l'article 1094 n'empêche pas l'époux qui a des enfants d'un mariage précédent et point du mariage actuel de donner à son nouveau conjoint autant qu'à un étranger, et c'est uniquement à ce nouveau conjoint que s'appliquent les paroles de Berlier : l'article 1094 ne s'occupe pas de ce cas, qui n'est réglé que par l'article 1098; la question qui nous occupe reste donc entière. Du reste, après avoir été adopté par le Conseil d'État, le titre des Donations fut communiqué à la section de législation du Tribunat, qui proposa de modifier l'article 1094, demandant que l'on admit précisément le système soutenu depuis par M. Bernech, « parce qu'il est juste, disait-on, qu'un époux puisse donner à l'autre autant qu'il peut donner à un étranger » (Fenet, tome XII, page 467); mais cette proposition fut rejetée par le Conseil d'État ; l'article 1094 fut maintenu tel qu'il était dans le projet, et le tribun Jaubert s'exprima ainsi dans son rapport : « S'il reste des enfants du mariage, l'époux ne peut avoir qu'un quart en propriété et un quart en usufruit, ou la moitié en usufruit seulement; si la donation excédait ces bornes, elle serait réduite. » (Fenet, tome XII, p. 661.) Quoi de plus décisif en faveur de notre système ?

3° On invoque enfin contre nous l'esprit de la loi : lors, dit-on, qu'un époux a trois enfants, il peut donner à son conjoint plus qu'à un étranger. Cette extension de la quotité disponible ordinaire a évidemment sa raison dans la faveur que la loi attache au titre d'époux. Or, s'il en est ainsi, comment ce même titre d'époux serait-il une cause de défiance lorsqu'il n'y a qu'un enfant? Ne serait-ce pas contradictoire? Le législateur devait permettre aux époux d'assurer au survivant d'entre eux les moyens de vivre honorablement : les besoins de l'époux survivant sont toujours les mêmes, soit qu'il n'y ait qu'un enfant, soit qu'il y en ait deux, trois ou davantage; il n'y a donc rien d'étonnant à ce que le Code ait fixé un disponible invariable et indépendant du nombre des enfants. Il est vrai que la quotité fixée sera, s'il n'y a qu'un enfant, inférieure à la quotité disponible ordinaire; mais des libéralités considérables sont bien plus à craindre et se feront bien plus facilement au profit d'un conjoint qu'au profit d'un étranger, et l'on connaît la maxime : *Lex arctius prohibet quod facilius fieri putat.*

Ainsi, en définitive, l'époux qui meurt en laissant des enfants ne peut jamais donner à son conjoint plus d'un quart en propriété et un quart en usufruit, ou que moitié en usufruit seulement. Cette alternative paraît ridicule au premier abord : si je puis donner un quart en propriété et un quart en usufruit, il est bien évident que je puis *a fortiori* donner la moitié en usufruit seulement : qu'était-il besoin de le dire expressément ? La réponse à cette question se trouve dans les travaux préparatoires du Code : nous y voyons que cette disposition est l'application d'une théorie qui, dans le projet, était générale : l'article 17 de ce projet fixait d'une manière identique pour toutes les dispositions d'usufruit une quotité entièrement calquée sur celle de la propriété même, en sorte que celui qui ne pouvait donner qu'un tiers ou un quart en propriété ne pouvait également donner qu'un tiers ou un quart en usufruit. Ce système fut ensuite abandonné, et la disposition du projet fut remplacée par celle qui forme aujourd'hui l'article 917, d'après laquelle, lorsque l'usufruit porte sur un capital supérieur à la quotité disponible, les héritiers ont le choix d'exécuter cette disposition ou de faire l'abandon du disponible en propriété. Mais, soit par inadvertance, soit parce que l'on a pensé qu'un enfant, en présence de son père ou de sa mère, n'aurait pas la liberté nécessaire pour faire le choix qu'autorise l'article 917, l'ancienne théorie fut maintenue dans l'article 1094, et, quoique ceci soit contesté, nous croyons que cet article doit être appliqué tel qu'il se comporte : il en résulte que lorsqu'un époux a légué à son conjoint l'usufruit de la totalité de ses biens, le légataire ne peut réclamer que l'usufruit de la moitié desdits biens ; il ne saurait, en se fondant sur l'article 917, demander la conversion de la disposition en un don d'un quart en toute propriété et d'un quart en usufruit : le défunt n'a voulu lui laisser qu'un usufruit, il ne doit avoir qu'un usufruit.

Mais la loi, qui a fixé un maximum pour les libéralités en usufruit entre époux, ne s'est pas expliquée sur le maximum des libéralités en rente viagère : or, il se peut qu'au lieu d'avoir fait à son conjoint un legs en usufruit, un disposant lui ait légué une rente viagère : que faudra-t-il décider si les enfants prétendent que cette rente excède la quotité disponible? faudra-t-il appliquer ici l'article 917? Cette question est très-controversée, et plusieurs systèmes ont été proposés pour la résoudre; nous croyons, quant à nous, avec MM. Colmet de Santerre (1) et Demolombe (2), qu'il faut appliquer à la disposition en rente viagère ce que l'article 1094 décide pour la disposition en usufruit, c'est-à-dire que la rente viagère doit être réduite jusqu'à concurrence de la moitié des revenus des biens, sans qu'il y ait lieu de procéder à aucune estimation.

Malgré les deux règles précédentes, nous ne restreindrions pas à une moitié en usufruit l'époux auquel son

(1) *Cours analytique de Code civil*, tome IV, page 529.
(2) *Traité des donations*, tome VI, n° 503.

conjoint aurait déclaré donner *tout ce dont la loi lui permet de disposer :* la disposition étant aussi large que possible, le donataire doit être autorisé à réclamer la quotité la plus forte, c'est-à-dire un quart en pleine propriété et un quart en usufruit. Mais en serait-il de même si le disposant avait dit : « Je lègue à mon conjoint un quart en propriété et un quart en usufruit, ou moitié en usufruit seulement? » En pareil cas, à moins que la volonté d'attribuer le choix au donataire ne résulte des circonstances, le choix doit appartenir aux héritiers, débiteurs du legs : il résulte, en effet, de l'article 1190 qu'en matière d'obligations alternatives, le choix appartient au débiteur lorsqu'il n'a pas été expressément accordé au créancier.

Enfin, c'est une question controversée que de savoir si l'époux qui donne à son conjoint tout l'usufruit dont il peut disposer en présence d'héritiers réservataires peut valablement le dispenser de fournir caution : nous admettons la négative quant à l'usufruit qui porte sur la réserve des héritiers, car la faveur que mérite le conjoint ne peut aller jusqu'à compromettre la réserve; il n'y a au contraire aucun inconvénient à ce que le donateur puisse dispenser de la caution son conjoint donataire pour l'usufruit des biens qu'il aurait pu lui donner en toute propriété.

4° **Cas.** — *Le disposant laisse des enfants issus d'un mariage précédent.*

Si les enfants ont toujours besoin d'être protégés contre l'abus des dispositions entre époux, ce besoin se fait surtout sentir à l'égard des enfants dont le père ou la mère se remarie. Ce que les enfants communs ne trouvent pas dans la succession de l'un des époux, ils ont l'espoir de le retrouver dans la succession de l'autre; il n'en est pas de même pour les enfants issus d'un précédent mariage : ce qu'un époux remarié donne à son conjoint échappe complétement aux enfants du premier lit et ne leur reviendra jamais. Le législateur a dû, par suite, pourvoir d'une manière spéciale à la protection de leur fortune : tel est le but de l'article 1098, qui est ainsi conçu :

« Article 1098. L'homme ou la femme qui, ayant des enfants d'un autre lit, contractera un second ou subséquent mariage, ne pourra donner à son nouvel époux qu'une part d'enfant légitime le moins prenant, et sans que dans aucun cas ces donations puissent excéder le quart des biens. »

La base de notre droit en cette matière se trouve dans l'édit des Secondes Noces rendu sous François II en 1560, et dû à l'inspiration du chancelier L'Hôpital. Cet édit reproduisait les principales dispositions des deux constitution simpériales connues sous le nom de *Femina quæ* et *Hac edictali* (1), et depuis longtemps suivies dans les pays de droit écrit. Il se composait de deux chefs : le premier, reproduisant la constitution *Hac edictali,* limitait à une part d'enfant le moins prenant ce que la veuve remariée, ayant des enfants de son premier lit, pouvait donner à son nouvel époux; le second, reproduisant la constitution *Feminæ quæ,* défendait à la veuve avec enfants, convolant en secondes noces, de donner à son second mari aucun des biens provenant du premier, ces biens devant être réservés en entier aux enfants du premier lit. Ainsi, l'édit ne parlait que des veuves, mais son application fut étendue aux veufs par la jurisprudence.

Des deux chefs de l'édit de 1560, les rédacteurs du Code civil ont écarté le second après discussion : il avait le grand inconvénient d'immobiliser des biens dont l'aliénation n'était plus permise et de créer une énorme inégalité entre les enfants d'une même personne. Le premier chef, au contraire, a été maintenu et même aggravé : comme autrefois, l'époux remarié ne peut donner à son nouveau conjoint qu'une part d'enfant le moins prenant : mais tandis que, dans l'ancien droit, le conjoint pouvait prendre la moitié ou le tiers lorsqu'il n'y avait qu'un ou que deux enfants, il ne peut plus, aux termes de l'article 1098, recevoir au delà du quart des biens du disposant.

(1) Voir plus haut, page 57.

Ceci posé, nous avons trois points à examiner en détail :
1° dans quels cas l'article 1098 est-il applicable ? 2° en
quoi consiste la quotité disponible spéciale qu'il édicte ?
3° quelles personnes peuvent en cas d'excès demander la
réduction ?

I. Et d'abord il est bien évident que l'article 1098
n'est applicable qu'autant qu'il existe des enfants légitimes
issus d'une précédente union, puisque c'est uniquement
dans l'intérêt de ces enfants que cet article a été fait. Les
enfants légitimés par l'effet d'un précédent mariage sont
assimilés aux enfants légitimes issus d'une précédente
union, le vice de leur naissance ayant été corrigé par l'effet
de la légitimation. Les petits-enfants prennent la place de
leur père ou mère décédé, de sorte que si le convolant a
perdu ses enfants, mais qu'il lui reste des petits-enfants,
le droit de donner à son nouvel époux demeurera restreint
comme si ses enfants existaient encore.

Les enfants adoptifs ont les mêmes droits de succession
que les enfants légitimes ; faut-il en conclure que lorsque l'adoptant se marie, il ne peut rien donner à son conjoint au delà des limites de l'article 1098 ? Non, l'article
1098 n'est applicable que dans le cas de *second ou subséquent mariage;* or, l'adoption n'équivaut pas à un mariage.
Nous déciderons de même dans le cas où l'un des époux
aurait eu avant son mariage des enfants naturels.

À quel moment faut-il considérer si l'époux qui se remarie a des enfants d'un autre lit ? Ce n'est pas au moment de son second (ou subséquent) mariage, c'est uniquement au moment de son décès. Mais pour que l'article 1098 soit applicable, il ne suffit pas que le disposant laisse des enfants d'un autre lit, il faut, de plus, que ces enfants deviennent ses héritiers, c'est-à-dire qu'ils acceptent sa succession et qu'ils n'en soient pas exclus comme indignes. C'est en effet une règle de disponibilité réelle qu'établit notre article ; c'est une réserve spéciale qu'il constitue au profit des enfants d'un autre lit ; ceux-ci ne sauraient donc avoir, du vivant de leur auteur, aucune action à raison des libéralités excessives qui auraient pu être faites par lui à son nouvel époux. Ceci toutefois a été contesté, et on a soutenu que les enfants du premier lit pouvaient invoquer l'action en réduction résultant de l'article 1098, même après avoir renoncé à la succession de leur auteur. Mais cette doctrine nous paraît inexacte ; c'est une règle constante que la réserve est une portion de la succession, et que les réservataires n'y ont droit qu'en qualité d'héritiers ; or, l'article 1098 établit une réserve en faveur des enfants du premier lit ; donc, cette réserve est une portion de la succession à laquelle ils ne peuvent prétendre que s'ils se portent héritiers.

Ainsi, l'article 1098 cesse d'être applicable lorsque tous les enfants du premier lit ou bien sont prédécédés, ou bien renoncent à la succession de leur auteur.

II. Arrivons à la fixation de notre quotité disponible. Nous l'avons déjà dit, le conjoint qui a laissé des enfants issus d'un précédent mariage peut donner à son nouveau conjoint une part d'enfant, pourvu que cette part ne dépasse ni la part de l'enfant qui prend le moins, ni le quart des biens.

La part d'enfant se détermine par le nombre de tous les enfants qui viennent à la succession du donateur, sans distinguer s'ils sont issus du premier ou du second mariage, en considérant le nouvel époux comme un enfant de plus. Ainsi, si le donateur laisse quatre enfants, il peut donner à sa femme un cinquième de ses biens. Il est évident que les enfants adoptifs doivent ici entrer en ligne de compte, comme les enfants naturels, du moins en ce sens que la portion de biens à laquelle ces derniers ont droit doit être défalquée de la masse, de manière à être supportée proportionnellement par le nouvel époux et par les enfants légitimes.

Les petits-enfants ne comptent tous que pour l'enfant dont ils sont issus, soit qu'ils succèdent par représentation, soit même qu'ils succèdent de leur chef; le nouvel époux ne peut voir son droit diminuer par suite de la mort des enfants; d'ailleurs, la loi lui accorde une part d'enfant et non pas une part de petit-enfant.

La part d'enfant sur laquelle se mesure le disponible en faveur du nouvel époux est celle de l'enfant le moins prenant; si un ou plusieurs des enfants sont avantagés par préciput, en sorte que tous les enfants n'aient pas des parts égales, le nouvel époux ne peut pas avoir plus que celui qui a le moins. Mais, d'un autre côté, l'époux donataire d'une part d'enfant a certainement le droit, pour fixer l'importance de la portion à laquelle il est appelé, de faire entrer dans la masse tous les biens sujets à rapport. Il est vrai qu'aux termes de l'article 857 le rapport n'est dû qu'aux héritiers ; aussi ne s'agit-il pas ici d'un rapport effectif ; l'époux donataire ne pourrait pas se faire attribuer les biens rapportés pour parfaire sa donation en cas d'insuffisance des biens existants ; mais il a le droit d'argumenter des rapports effectués entre les enfants, afin de déterminer la part qui revient à l'enfant le moins prenant et de reconnaître par là le montant de la quotité de biens dont son conjoint a pu disposer à son profit.

Enfin, il faut que la libéralité ne dépasse jamais le quart des biens du donateur ; nous savons déjà que c'est sur la proposition faite au conseil d'État par M. Berlier que cette règle, qui n'existait pas dans l'ancien droit, a été admise dans le Code. Ainsi, la personne qui n'a qu'un ou deux enfants d'un premier mariage ne peut pas donner une part d'enfant à son nouveau conjoint, parce que cette part, qui serait de la moitié dans la première hypothèse et du tiers dans la seconde, dépasserait le maximum de la quotité disponible entre époux : il ne peut lui donner au plus qu'un quart de ses biens.

On peut se demander ce qu'il faut décider lorsque le donateur a déclaré donner à son nouveau conjoint une part d'enfant et qu'il meurt sans laisser d'enfants ou de descendants. C'est là une question d'interprétation de la volonté du disposant : or, comme il est très-probable qu'en donnant une part d'enfant, il croyait qu'il laisserait des enfants, et que par suite le maximum que pourrait atteindre sa libéralité serait le quart de ses biens, c'est ce quart que doit recevoir le donataire. Mais il en serait autrement si, au lieu d'une part d'enfant, le disposant avait donné *tout ce qui se trouverait disponible à sa mort :* il faudrait alors donner à la libéralité le plus d'étendue possible, parce que telle a dû être l'intention du donateur.

C'est une question très-délicate que de savoir comment doit s'entendre la règle de l'article 1098 en cas de plusieurs mariages successifs de l'époux ayant des enfants d'un premier lit. Les auteurs sont loin d'être d'accord sur ce point.

D'après un premier système, il serait permis de donner successivement à chaque nouveau conjoint une part d'enfant, pourvu que ces donations réunies aux donations faites à des étrangers n'excèdent pas la quotité disponible ordinaire fixée par l'article 913 : ainsi, l'époux qui n'a qu'un enfant de son premier mariage pourrait donner un quart à sa seconde femme et un quart à sa troisième, s'il n'avait pas fait d'autres dispositions. — Ce système doit être repoussé, car il est en contradiction avec les derniers mots de l'article 1098 : « sans que dans aucun cas ces donations puissent excéder le quart des biens. »

D'après un second système, l'époux qui a disposé d'une part d'enfant au profit de son second conjoint pourrait encore faire la même disposition au profit du troisième, mais à la condition que ces deux donations réunies n'excèdent pas le quart des biens.

Nous croyons qu'il faut écarter ce second système comme le premier, pour s'en tenir à la doctrine suivie dans notre ancien droit français, doctrine suivant laquelle toutes les donations réunies faites aux divers conjoints ne peuvent excéder la part de l'enfant le moins prenant. L'article 1098 ne parle réellement que des donations faites à un seul conjoint ; il laisse la question indécise pour celles qui s'adressent successivement à plusieurs : ce silence de la loi nous semble prouver suffisamment que les rédacteurs du Code ont entendu conserver la règle en vigueur dans l'ancien droit, car, s'ils avaient voulu innover sur ce point, on trouverait quelque part dans le texte du Code ou dans les travaux préparatoires une manifestation quelconque de cette volonté : or, bien loin de là, la question qui nous occupe n'a pas été agitée ; mais on trouve un mot qui laisse percer l'intention de continuer la règle préexistante : l'exposé des motifs nous dit qu' « on a maintenu cette sage disposition ». (Fenet, t. XII, p. 573.)

L'article 1098 s'applique à toutes les donations faites au

nouveau conjoint soit dans le contrat de mariage, soit pendant le mariage. Quant aux donations qui lui ont été faites avant le mariage, il faut considérer si elles ont été faites en vue du mariage à contracter, ou bien si elles l'ont été à une époque où il n'était pas encore question de cette union : dans le premier cas, elles tombent sous l'application de notre article ; dans le second, elles ne sont soumises qu'aux limites de la quotité disponible entre étrangers.

III. Il nous reste, à propos de l'article 1098, à nous occuper de l'action en réduction et des personnes qui peuvent en profiter. La libéralité qui excède la quotité fixée par notre article n'est pas nulle comme le serait la libéralité faite par une personne incapable ; elle est seulement réductible lors du décès du disposant, s'il existe à ce moment des enfants du lit précédent acceptant la succession : l'article 1098 constitue en effet une règle de disponibilité des biens et amène l'application de l'article 920, d'après lequel l'excès donne lieu à une réduction qui ne doit se faire qu'au moment de l'ouverture de la succession du donateur.

La restriction apportée à la quotité disponible en cas de second mariage a été introduite afin de protéger les enfants d'un premier lit contre les entraînements que subit toujours le père ou la mère qui se remarie. Le droit de faire réduire les libéralités qui excèdent la part de l'enfant le moins prenant (ou le quart, selon les cas) ne peut donc naître que dans la personne de ces enfants : s'ils meurent avant l'ouverture de la succession, ou si aucun d'eux ne se porte héritier, l'article 1098 est inapplicable ; les enfants communs n'ont pas qualité pour demander une réduction qui n'a pas été introduite dans leur intérêt ; ils ne peuvent se plaindre que si les libéralités dépassent la quotité fixée par l'article 1094.

Mais si le droit de demander la réduction ne s'ouvre pas dans la personne des enfants communs, ils en profitent néanmoins lorsqu'elle a été opérée sur la demande des enfants du premier lit, car la réduction ayant pour effet d'anéantir rétroactivement la donation et de là faire considérer comme si elle n'avait jamais existé, les biens retranchés rentrent dans la succession du disposant, pour être, comme les autres biens, partagés également entre tous les enfants sans distinction : autrement, les enfants du premier lit hériteraient pour une portion plus forte que ceux du second, ce qui serait contraire à ce principe que les enfants de différents lits succèdent également (art. 745).

Bien plus, dès que le droit de demander la réduction s'est ouvert dans la personne des enfants du premier lit, et qu'il ne s'est point éteint par leur renonciation à la succession ou leur exclusion de la succession (cas auxquels il est censé ne s'être jamais ouvert), les enfants du second lit sont autorisés à l'exercer dans la mesure de leur part héréditaire, alors même que les enfants du premier lit négligeraient de le faire valoir ou bien y renonceraient. En effet, les biens obtenus par suite de la réduction devant être partagés entre tous les enfants, le droit d'obtenir cette réduction doit se diviser aussi entre eux dans la même proportion. Il est dès lors évident que l'inaction des uns n'empêche pas les autres d'agir, et que la remise que les enfants du premier lit peuvent faire de leurs droits ne nuit pas plus aux enfants du second que la renonciation de ceux-ci aux droits qui leur appartiennent ne nuirait aux premiers : s'il en était autrement, le principe que les enfants de différents lits succèdent également serait violé, puisque les enfants du premier mariage seraient investis d'un droit que n'auraient pas les enfants du second.

L'article 1098 en s'occupe pas de la quotité disponible en usufruit comme l'a fait l'article 1094. Le seul moyen de sortir d'embarras est d'appliquer ici l'article 917 : nous déciderons donc que les héritiers réservataires doivent exécuter les dispositions en usufruit faites au profit du nouvel époux, ou bien lui abandonner la propriété de la quotité disponible fixée par l'article 1098, à moins qu'il ne résulte des circonstances que le disposant n'a eu aucunement l'intention de donner une propriété et qu'il a seulement voulu donner un usufruit.

RAPPORTS DU DISPONIBLE ENTRE ÉPOUX AVEC LE DISPONIBLE ORDINAIRE

En étudiant la quotité disponible entre époux d'après les articles 1094 et 1098, nous avons toujours supposé jusqu'à présent que le conjoint n'avait disposé qu'au profit de son conjoint, mais il peut très-bien arriver qu'il ait fait, en outre, des libéralités à d'autres personnes, soumises à la quotité disponible du droit commun : de là des complications nombreuses que le texte du Code ne prévoit pas, mais que nous devons chercher à résoudre. Trois questions doivent nous occuper successivement : 1° La quotité disponible ordinaire et la quotité disponible entre époux peuvent-elles se cumuler ? 2° Si elles ne le peuvent pas, comment doivent-elles se combiner ? 3° Enfin, lorsqu'il y a lieu à réduction, de quelle manière doit-on y procéder?

I. Il est d'abord évident que les libéralités entre époux ne peuvent concourir dans toute leur étendue avec celles qui sont autorisées par les articles 913 à 915, en faveur d'un enfant ou d'un étranger, aussi dans toute leur étendue : ainsi, un père qui n'aurait qu'un enfant ne pourrait valablement donner la moitié de son bien à un étranger en pleine propriété, et à son épouse un quart aussi en pleine propriété et un autre quart en usufruit. Si ces deux donations étaient exécutées dans leur entier, la réserve de l'enfant ne serait plus que de la nue propriété d'un quart durant la vie de l'époux donataire. Le cumul aboutirait ainsi à l'anéantissement presque absolu de la réserve, souvent même à des résultats mathématiquement absurdes.

II. Le cumul étant rejeté, comment doivent se combiner les deux quotités pour ne pas nuire aux réservataires? On s'accorde généralement à reconnaître que l'ensemble des libéralités ne doit pas excéder la quotité disponible la plus forte, c'est-à-dire la quotité disponible ordinaire, lorsque le disposant ne laisse qu'un enfant, et la quotité spéciale de l'article 1094 lorsqu'il laisse au moins trois enfants, ou lorsqu'à défaut d'enfants il laisse des ascendants. Il faut, de plus, observer que chacune des libéralités ne doit pas dépasser le chiffre que comporte sa nature particulière. Ainsi, d'une part, les donations faites au conjoint ne peuvent dépasser les limites des articles 1094 et 1098; d'autre part, les donations faites à d'autres personnes ne peuvent dépasser les limites des articles 913 et 915. Mais, même dans ces limites, le disposant peut-il toujours atteindre le chiffre du disponible le plus élevé, sans distinction de circonstances et quel que soit l'ordre des libéralités?

Cela n'est pas douteux quand le disponible le plus fort est le disponible ordinaire. Ainsi, quand l'époux qui n'a qu'un enfant et dont le disponible le plus fort est par suite de

moitié en pleine propriété a d'abord donné à un étranger
une partie quelconque de ce disponible, il nous paraît certain qu'il peut ensuite donner le reste à son conjoint, pourvu
que ce reste n'excède pas la quotité fixée par l'article 1094.
S'il a d'abord donné à son conjoint le quart en propriété et
le quart en usufruit permis par cet article, il est évident
qu'il peut encore disposer d'un quart en nue propriété au
profit d'un étranger; il n'y a aucune raison de réduire l'une
ou l'autre de ces libéralités. Nous déciderons même que si
un époux avait cédé au profit de son conjoint les limites
du disponible conjugal, si, par exemple, il lui avait donné
la moitié de ses biens en pleine propriété, il pourrait encore
donner à un étranger un quart en nue propriété, car la libéralité faite au conjoint devant être réduite d'un quart en
nue propriété, ce quart, resté disponible entre les mains du
donateur, a très-bien pu être donné par lui à une autre personne. On objecte contre cette décision que, d'après l'article 921, les donataires ou légataires ne peuvent ni demander la réduction ni en profiter lorsqu'elle a eu lieu.
Mais l'article 921 n'est pas applicable à notre sujet; il suppose une diminution de la réserve, qui doit toujours rester
intacte, et l'article 1094 serait souvent sans valeur si le
donataire de la seconde quotité disponible ne pouvait reprendre sur l'époux ce qui lui a été donné de trop. D'ailleurs, ce donataire n'a pas besoin, pour arriver à ce résultat, d'agir en réduction contre le conjoint; il n'a qu'à

former sa demande en délivrance de la différence entre les deux quotités des articles 913 et 1094.

Mais la question est plus délicate lorsque c'est la quotité spéciale entre époux qui est la plus forte. Après avoir donné à un étranger la quotité ordinaire, on peut bien encore donner au conjoint la différence en plus permise pour lui par l'article 1094 : ainsi, le père de trois enfants peut très-bien, après avoir donné à l'un d'eux par préciput le quart de sa fortune en pleine propriété, donner à son conjoint un quart en usufruit. Il n'y a donc pas lieu à réduction lorsque chacune des deux libéralités se renfermant dans les limites de sa quotité respective, et la réunion des deux ne dépassant pas la quotité la plus forte, celle de l'étranger est antérieure (ou même contemporaine) à celle du conjoint. Mais en est-il de même quand la libéralité du conjoint est antérieure à celle de l'étranger? La question est fort controversée. Nous distinguerons deux hypothèses.

1° Un époux, père de trois enfants, qui a donné à sa femme le quart de ses biens (montant du disponible ordinaire), peut-il encore donner à un étranger un quart en usufruit? D'accord avec la jurisprudence, nous admettons la négative, car ce nouveau don ne pourrait se faire que d'après l'article 1094 ; or, le don fait d'après cet article ne peut s'adresser qu'à un conjoint. De même, si cet époux avait donné à son conjoint un quart en usufruit seulement, il ne pourrait plus donner à un étranger que le quart en nue propriété qui reste disponible d'après l'article 513. Le don fait d'abord au conjoint s'impute donc sur le disponible ordinaire, et, s'il l'épuise, toute donation faite plus tard à un étranger est inutile.

2° Si le disposant (toujours dans le cas où il a trois enfants) a d'abord donné à sa femme une moitié de ses biens en usufruit, peut-il encore donner à un étranger un quart en nue propriété? Cette seconde hypothèse a la plus grande analogie avec la première. Cependant beaucoup d'auteurs donnent ici une décision différente. Le disposant père de trois enfants ne peut, en principe, disposer que du quart de ses biens. Par exception, la loi lui permet de disposer en plus d'un quart en usufruit en faveur de son conjoint. Or, dit-on, quand un époux donne à son conjoint une moitié de sa fortune en usufruit, une moitié de cette moitié, c'est-à-dire un quart, n'a pu être donnée qu'en vertu de la règle spéciale de l'article 1094 et en l'imputant sur le disponible extraordinaire, en sorte que l on n'a pris sur le disponible ordinaire que l'autre quart d'usufruit. Par conséquent, le reste de ce disponible ordinaire, le quart de nue propriété, a pu encore être donné à une autre personne. Nous ne pouvons admettre ce raisonnement : en donnant à son conjoint la moitié de ses biens en usufruit, le disposant a épuisé du même coup les deux quotités disponibles, car, d'une part, il lui a donné l'un des deux *maximum* établis par l'article 1094, et, d'autre part, comme cet usufruit équivaut en général au quart en propriété, il a consommé le pouvoir qu'il tenait du droit commun pour avantager un étranger. La situation est exactement la même que dans la première hypothèse. La décision doit donc être la même. La Cour de cassation est parfaitement d'accord avec nous sur ce point.

III. Après avoir vu comment la quotité disponible entre époux se concilie avec la quotité disponible ordinaire, il nous reste à rechercher de quelle manière doit s'opérer, en cas d'excès, la réduction des libéralités faites au conjoint et à des étrangers. Pas de difficultés quand ces libéralités ont des dates différentes ; la réduction se fait alors par application de l'article 923, d'après les règles ordinaires, « en commençant par la dernière donation, et ainsi de suite en remontant des dernières aux plus anciennes. » Mais comment doit s'opérer la réduction en cas de libéralités ayant la même date, comme celles qui résultent de testaments? Nous supposons, bien entendu, que chacune des libéralités reste dans ses limites particulières, mais que seulement, par leur réunion, elles dépassent le disponible le plus fort. Trois systèmes ont été présentés.

D'après Toullier, toutes les libéralités ayant la même date doivent être réduites proportionnellement et au marc le franc, d'après la quotité disponible la plus élevée. Delvincourt repousse ce système, trouvant que réduire toutes les libéralités faites tant aux étrangers qu'à l'époux d'après la même mesure c'est faire profiter les donataires étrangers d'un disponible qui n'est pas établi pour eux, et il propose d'opérer aussi une réduction proportionnelle, mais d'après le disponible commun aux diverses libéralités, c'est-à-dire d'après le plus faible, et d'attribuer l'excédant d'un disponible sur l'autre à celui des donataires pour lequel est établie la quotité la plus élevée. MM. Marcadé et Boutry rejettent à leur tour ce second système, comme attribuant une trop grande part au donataire du plus fort disponible ; il faut aussi, à leur avis, n'opérer la réduction proportionnelle des libéralités que d'après le disponible le plus faible, pour attribuer ensuite l'excédant au donataire du disponible le plus fort, car autrement on donnerait trop à ceux qui ont le disponible le plus faible ; « mais, disent-ils, puisqu'alors on diminue momentanément et pour faire le calcul le disponible des donataires plus favorables, il faut donc diminuer aussi et en proportion (toujours momentanément et pour faire le calcul) le chiffre de leurs libéralités, pour qu'ils n'aient pas trop à leur tour ; » et ils ajoutent qu'en agissant ainsi ils respectent bien mieux les intentions du disposant.

Il nous semble que la préférence doit être donnée au premier système, au système de Toullier ; il n'y a entre les diverses libéralités aucune cause de préférence ; l'intention du testateur a dû être d'accorder la même faveur à tous ses légataires : le plus simple est donc d'opérer la réduction proportionnellement et au marc le franc d'après la quotité disponible la plus élevée, en conservant à chaque libéralité sa valeur relative.

CHAPITRE III

DE LA SANCTION DE LA QUOTITÉ DISPONIBLE ET DE LA RÉVOCABILITÉ DES DONATIONS ENTRE ÉPOUX

Après avoir renfermé dans les limites que nous venons d'indiquer les donations entre époux, le législateur a dû, afin de compléter son œuvre, songer aux moyens par lesquels on chercherait à éluder ses dispositions, et s'efforcer de prévenir ou de réprimer les fraudes. De là l'article 1099 :

« Article 1099. Les époux ne pourront se donner indirectement au delà de ce qui leur est permis par les dispositions ci-dessus. — Toute donation, ou déguisée, ou faite à personne interposée, sera nulle. »

Cet article paraît emprunté à l'édit de 1560 sur les Secondes Noces, lequel ne disposait que pour les époux qui avaient des enfants d'un premier mariage; mais l'article 1099 n'est pas restreint à ce cas : il parle en effet de ce qu'il est permis de donner *par les dispositions ci-dessus*, expressions qui se rapportent autant à l'article 1091 qu'à l'article 1098. Il est également la sanction de l'article 1096, qui déclare révocables les donations faites entre époux pendant le mariage, car la fraude peut avoir pour but ou d'étendre la quotité dont les époux peuvent disposer l'un envers l'autre, ou d'entraver la faculté de révocation accordée au donateur.

Mais le sens de notre article est l'objet d'une vive controverse entre les auteurs. Il contient, selon les uns, deux alinéas qui posent deux règles parfaitement distinctes et indépendantes l'une de l'autre; le premier alinéa a trait aux donations indirectes : ces donations sont valables, mais réductibles quand elles dépassent la quotité disponible; le second vise les donations déguisées ou faites à personnes interposées : ces donations sont entièrement nulles. Selon les autres, au contraire, le second alinéa de l'article 1099, au lieu d'être indépendant du premier, en est le complément et la sanction; c'est le développement de la règle sur les avantages indirects : il signifie uniquement que les donations déguisées ou faites à personnes interposées sont nulles pour tout ce qui excède la quotité disponible.

Le premier système nous paraît de beaucoup préférable au second : sans doute toute donation déguisée est une espèce de donation indirecte, mais toute donation indirecte n'est pas une donation déguisée. D'ailleurs, la distinction que fait, selon nous, le législateur, se justifie aisément. Qu'est-ce en effet qu'une donation indirecte? C'est celle qui, se faisant d'une manière franche et ouverte, se produit cependant sous une forme non solennelle et indirecte : ainsi, par exemple, celui qui renonce à une succession pour qu'un autre, appelé à son défaut, en profite, celui qui paye la dette d'autrui sans intention de répéter la somme, celui qui stipule un avantage pour autrui à l'occasion d'un contrat à titre onéreux qu'il fait pour lui-même, toutes ces personnes-là procurent un avantage indirect, mais ostensible; elles ne le couvrent d'aucun voile mensonger. Il n'en est pas de même des libéralités qui se cachent sous l'apparence de contrats à titre onéreux ou s'adressent à des personnes interposées; leur but unique est de frauder la loi; d'autant plus dangereuses qu'elles sont plus difficiles à atteindre, elles doivent être traitées plus rigoureusement que les simples donations indirectes. Il faut, de plus, observer que si le second alinéa de l'article 1099 avait dû seulement reproduire la règle du premier, il eût été bien inutile de l'écrire. Enfin, pourquoi aurait-on dit que la donation déguisée serait nulle si l'on avait seulement voulu dire qu'elle serait réductible et sujette à retranchement?

Le système que nous venons de défendre est admis sans difficulté par la jurisprudence, qui cependant reconnaît que les donations déguisées ou faites à personnes interposées sont valables entre étrangers, mais seulement réductibles : il n'y a rien d'étonnant à ce que le conjoint soit traité plus sévèrement qu'un étranger ; la fraude étant plus fréquente et plus dangereuse entre époux, il fallait la combattre par des moyens plus radicaux.

I. La loi, sévère pour les seconds mariages dans l'intérêt des enfants du premier lit, voit quelquefois des avantages indirects dans des circonstances qui n'en présentent pas en général. C'est ainsi que les conventions matrimoniales, qui sont traitées dans tous les autres cas comme des contrats à titre onéreux et des conventions entre associés, sont considérées comme des donations indirectes lorsqu'elles ont pour objet d'avantager le nouvel époux au préjudice des enfants du premier lit ; la loi suppose qu'elles ont été pour les parties un moyen d'éluder l'article 1098, et elle autorise les enfants du premier lit à les faire réduire dans les limites de cet article ; cela est fort équitable, car, tandis que les enfants communs recueillent dans la succession de l'époux donataire ce qui manque dans la succession de l'époux donateur, les enfants du premier lit n'héritent point du conjoint avantagé.

Nous trouvons l'application de ces principes dans l'article 1496 pour la communauté légale, et dans l'article 1527 pour la communauté conventionnelle :

« Art. 1496 (2ᵉ alinéa). Si la confusion du mobilier et des dettes opérait au profit de l'un des époux un avantage supérieur à celui qui est autorisé par l'article 1098, les enfants du premier lit de l'autre époux auraient l'action en retranchement.

« Art. 1527 (3ᵉ alinéa). Néanmoins, dans le cas où il y aurait des enfants d'un précédent mariage, toute convention qui tendrait dans ses effets à donner à l'un des époux au delà de la portion réglée par l'article 1098 sera sans effet pour tout l'excédant de cette portion. Mais les simples bénéfices résultant des travaux communs et des économies faites sur les revenus respectifs, quoique inégaux, ne sont pas considérés comme un avantage fait au préjudice des enfants du premier lit. »

Ainsi, il peut y avoir avantage indirect, sujet à réduction, quand on fixe à forfait la part du second époux dans la communauté, en lui attribuant une somme supérieure à celle qu'il aurait eue dans le partage, et au montant de ses apports, ou bien encore quand le contrat de mariage porte une clause de préciput qui n'est pas proportionnée aux apports respectifs des époux.

Remarquons du reste que, pour savoir si le nouvel époux se trouve avantagé par les conventions matrimoniales, il faut combiner entre elles toutes les clauses du contrat, de manière à compenser, avec le profit que telle stipulation aura procuré au nouvel époux, la perte que telle autre clause lui aura fait éprouver.

II. Nous avons dit que les donations déguisées ou faites à personnes interposées sont nulles ; mais sont-elles nulles dans tous les cas, ou seulement lorsqu'elles excèdent la quotité disponible? Nous croyons qu'elles sont nulles dans tous les cas ; l'article 1099 ne fait en effet aucune distinction; du reste, cet article, nous l'avons déjà dit, est la sanction non-seulement des règles sur la quotité disponible, mais aussi de cette autre règle qui déclare révocables les donations faites entre époux pendant le mariage; or, le droit de révocation de l'époux donateur doit être sauvegardé dans les donations restreintes aussi bien que dans les donations excessives. Enfin, le but de la loi, en frappant de nullité les donations déguisées, a été de punir la fraude ; mais la fraude est présumée exister dès qu'il y a déguisement ou interposition de personnes : elle doit donc être réprimée dans tous les cas, sans qu'il y ait à distinguer si la quotité disponible a été ou n'a pas été dépassée (1).

Remarquons bien, quand nous parlons ici de nullité, qu'il ne s'agit pas d'une nullité de plein droit : les donations déguisées ou interposées sont simplement annulables; elles donnent lieu à une action en rescision, qui est prescriptible par dix ans à compter du jour de la dissolution du mariage, car la prescription ne court point entre époux (art. 2253).

Quelles personnes ont le droit d'invoquer la nullité des donations qui nous occupent? D'après certains auteurs, ce droit n'appartiendrait qu'à ceux qui peuvent intenter l'action en réduction contre les donations directes excessives, car, dit-on, l'action en nullité n'est ici qu'une aggravation

____

(1) Arrêts conformes de la cour de Dijon, du 10 avril 1867; de Paris, du 24 avril 1869; de Caen, du 1er décembre 1870.

pénale de l'action en réduction. Tel n'est pas notre avis : la loi prohibe entre époux les donations déguisées ou faites à personnes interposées ; c'est là une règle de forme à laquelle est expressément attachée la sanction de la nullité et dont la violation peut être, par conséquent, invoquée par toute personne intéressée. Ainsi, les héritiers non réservataires, le donateur, ses créanciers même postérieurs à l'acte incriminé, peuvent invoquer la nullité lorsqu'ils y ont intérêt. Mais, bien entendu, c'est toujours au demandeur en nullité à prouver soit le déguisement, soit l'interposition de personne.

Mais comment se fera cette preuve? comment, notamment, pourra-t-on prouver qu'un donataire apparent a été secrètement chargé de rendre la donation au conjoint du donateur? La preuve peut se faire par tous les moyens possibles, par écrit, par témoins, par de simples présomptions. Et même, dans certains cas, la loi établit une présomption légale d'interposition de personne, présomption contre laquelle nulle preuve contraire n'est admise, sauf l'aveu et le serment. La loi a considéré qu'il y avait des personnes tellement attachées par les liens de la parenté et de l'intérêt à la personne que le donateur ne peut gratifier que dans certaines limites, qu'il était impossible de ne pas supposer que ce qui leur était donné l'était à leur parent lui-même. De là les présomptions introduites par l'article 1100, à l'imitation de notre ancien droit français :

« Article 1100. Seront réputées faites à personnes interposées les donations de l'un des époux aux enfants ou à l'un des enfants de l'autre époux, issus d'un autre mariage, et celles faites par le donateur aux parents dont l'autre époux sera héritier présomptif au jour de la donation, encore que ce dernier n'ait point survécu à son parent donateur. »

Le mot *enfants* est, dans cet article, un terme générique qui s'applique aussi bien aux petits-enfants qu'aux enfants proprement dits. Ajoutons que ces mots *enfants issus d'un autre mariage* doivent être traduits par ceux-ci : *enfants qui ne sont pas nés du mariage actuel;* il faut, en effet, étendre la présomption d'interposition de personne au cas où la libéralité est faite soit à l'enfant adoptif, soit à l'enfant naturel du conjoint du donateur (arrêt de la cour d'Amiens du 22 déc. 1838).

Quant à ce qui concerne les parents dont le conjoint du donateur se trouve être l'héritier présomptif, remarquons qu'il faut uniquement s'attacher, pour l'application de notre article, à l'époque où a été faite la libéralité, en faisant abstraction des événements postérieurs. Ainsi, dès que le conjoint du donateur est, au moment de la donation, l'héritier présomptif de la personne désignée comme donataire dans l'acte de donation, la présomption d'interposition produit son effet, bien qu'il ne devienne pas l'héritier de ce soi-disant donataire : peu importe la cause qui l'a empêché de lui succéder, ce n'est qu'à titre d'exemple que l'article 1100 parle de *prédécès*. Par contre, si le conjoint n'était pas héritier présomptif du donataire au moment de la donation, la présomption d'interposition n'existera pas, bien qu'il eût effectivement recueilli sa succession.

Il est évident que la présomption de la loi doit cesser lorsque la libéralité a été conçue de telle sorte qu'elle ne peut pas profiter au conjoint du donateur : il en est ainsi, par exemple, dans le cas où un mari lègue à la fille que sa femme a eue d'un premier mariage une rente viagère qui ne doit commencer à courir que du jour du décès de sa mère (arrêt de la cour de Caen du 13 nov. 1817) ; l'exécution du legs ne devant avoir lieu qu'après le décès de la femme, il est impossible qu'elle en profite.

Les rédacteurs du Code se sont efforcés de prévenir, par tous les moyens possibles, les dangers des libéralités indirectes entre époux. La vente étant le contrat qui se prête le plus facilement aux libéralités indirectes, l'article 1595 l'interdit entre époux. La *datio in solutum* est également défendue en principe entre époux : l'article 1595 ne la permet que par exception dans trois cas qui se justifient facilement et dans lesquels la fraude n'est guère à craindre. Toutefois, comme, même dans ces trois cas exceptionnels, la *datio in solutum* peut servir, ainsi que tout autre contrat à titre onéreux, à dissimuler un avantage indirect, l'article 1595 réserve aux héritiers des époux le droit de critiquer l'opération. Mais ne s'agit-il ici que d'un simple droit de réduction, ouvert seulement au profit des héritiers réservataires? ou bien s'agit-il d'une action en nullité accordée à tout héritier, réservataire ou non? Nous croyons qu'il faut faire une distinction : si la *datio in solutum* faite dans l'une des trois hypothèses prévues par l'article 1595 est une opération sérieuse, mais consentie par faveur pour le conjoint pour un prix de beaucoup inférieur à la valeur réelle, elle est valable ; seulement l'avantage indirect est sujet à réduction ; que si, au contraire, la *datio in solutum* n'a été faite que pour déguiser une libéralité que l'un des conjoints voulait faire à l'autre, s'il n'y a en réalité qu'une donation déguisée, l'opération est entièrement nulle, et sa nullité peut être invoquée par tout intéressé.

Quant à la *datio in solutum* qui ne rentrerait dans aucun des trois cas exceptionnels de l'article 1595, elle est toujours nulle.

POSITIONS

DROIT ROMAIN

I. La prohibition des donations entre époux est posté·
rieure à la loi Cincia.

II. Le consentement des époux et la mise de la femme à
la disposition du mari étaient nécessaires pour qu'il y eût
mariage.

III. L'époux condamné à la déportation était incapable
de faire une donation à son conjoint.

IV. L'opinion d'Africain dans la loi 38, § 1, *in fine*, D.,
de Solutionibus (46, 3), ne peut se concilier avec celle d'Ulpien dans la loi 3, § 12, D., *de Donat. int. vir. et ux.* (24, 1).
Suivant Ulpien, lorsqu'un époux, voulant gratifier son conjoint, ordonne à son débiteur de payer entre les mains de ce
conjoint, le débiteur est libéré ; il ne l'est pas, suivant
Africain.

V. Il y a également antinomie entre les lois 15 et 17, *de
Don. int. vir. et ux.*, et la loi 45, *de Usuris et Fructibus*.

VI. La loi 44, *de Don. int. vir. et ux.*, sur l'usucapion du
fonds du mari par la femme, prévoit trois hypothèses :

1° La propriété du mari est ignorée des deux époux : la femme usucape alors sans obstacle. 2° La femme seule découvre le droit de propriété du mari : elle peut encore usucaper. 3° Les deux époux reconnaissent que le mari est le vrai propriétaire : l'usucapion est interrompue.

VII. Le sénatus-consulte rendu sous Septime Sévère et Antonin Caracalla s'appliquait à toutes les espèces de donations entre époux, même aux promesses faites *donationis causa*.

VIII. La loi *Julia, de Adulteriis*, ne défendait pas au mari d'hypothéquer le fonds dotal avec le consentement de la femme.

DROIT FRANÇAIS

I. Les donations entre époux pendant le mariage sont de véritables donations entre-vifs.

II. Les époux peuvent se faire pendant le mariage les mêmes libéralités qui leur sont permises par contrat de mariage.

III. Les donations de biens présents ou de biens présents et à venir entre époux doivent être transcrites.

IV. La femme mariée sous le régime dotal ne peut disposer de ses immeubles dotaux, comme biens à venir, en faveur de son mari.

V. Le donataire, même de biens à venir, est saisi et n'a pas à former de demande en délivrance.

VI. Les donations entre époux ne sont réductibles qu'à leur date, après les legs.

VII. Les donations de biens présents entre époux ne sont pas caduques par le prédécès du donateur.

VIII. Les donations entre époux sont révocables pour cause d'ingratitude.

IX. L'époux contre lequel la séparation de corps a été présentée perd de plein droit tous les avantages que lui avait faits son conjoint.

X. Lorsque les ascendants du donateur, autres que ses père et mère, sont exclus de la succession par ses frères et sœurs, ces derniers, en présence d'un conjoint légataire universel, ne sont pas admis à répudier la succession qui ne leur est pas dévolue, pour donner ouverture à la réserve des ascendants.

XI. La quotité disponible entre époux en cas d'enfants communs est invariable, quel que soit le nombre des enfants.

XII. En cas de plusieurs convols successifs, l'époux remarié ne peut donner à ses nouveaux conjoints plus d'une part d'enfant le moins prenant.

XIII. L'action en réduction contre les libéralités dépassant les limites de l'article 1098 ne peut être intentée par les enfants du premier lit qu'autant qu'ils viennent à la succession du disposant.

XIV. Si les enfants du premier lit qui ont accepté la succession négligent de demander la réduction des libéralités excessives faites au conjoint, les enfants du second lit peuvent la demander dans la mesure de leurs parts héréditaires.

XV. Les libéralités qu'un époux a faites, tant à son conjoint qu'à des étrangers, et qui, par leur réunion, entament la réserve, doivent, lorsqu'elles ont la même date, être réduites proportionnellement et au marc le franc, d'après la quotité disponible la plus élevée.

XVI. L'époux qui ayant trois enfants a donné à son conjoint une moitié de ses biens en usufruit, ne peut plus par un acte postérieur disposer au profit d'un étranger d'un quart en nue propriété.

XVII. Les donations déguisées ou faites à personnes interposées sont entièrement nulles entre époux, même lorsqu'elles n'excèdent pas la quotité disponible.

DROIT CRIMINEL

I. L'accusé légalement acquitté ne peut être poursuivi de nouveau pour le même fait autrement qualifié.

II. Lorsqu'il y a lieu à une aggravation de peine contre l'auteur principal par suite d'une circonstance qui affecte la criminalité du fait, l'aggravation de peine doit être appliquée au complice.

DROIT DES GENS

I. Les bâtiments de commerce d'un État stationnant dans les ports d'un autre État sont soumis à la juridiction territoriale pour tout ce qui concerne les délits commis à bord entre gens de l'équipage, toutes les fois que leur répression n'inéresse pas exclusivement la discipline et l'administration intérieure des bâtiments.

II. Les navires marchands neutres, convoyés par un ou plusieurs bâtiments de guerre de leur nation, sont exempts du droit de visite : la déclaration verbale du commandant du convoi suffit pour affirmer leur nationalité et leur parfaite neutralité.

HISTOIRE DU DROIT

I. Sous la monarchie franque, on n'avait pas le droit de choisir la loi sous laquelle on voulait vivre.

II. L'origine de la noblesse française se trouve dans la féodalité, bien que dans la suite des temps féodalité et noblesse soient devenues deux institutions différentes.

Vu par le Président de la thèse,
  COLMET DE SANTERRE.

Vu par le doyen de la Faculté,
  G. COLMET-DAAGE.

Vu et permis d'imprimer,
Le vice-recteur de l'Académie de Paris,
  A. MOURIER.

TABLE DES MATIÈRES

PREMIÈRE PARTIE.

DROIT ROMAIN.

De donationibus inter virum et uxorem.

DEUXIÈME PARTIE.

DROIT FRANÇAIS.

Des donations entre époux pendant le mariage.

POSITIONS.

Paris. — Imprimerie Gauthier-Villars, 55, quai des Grands-Augustins.

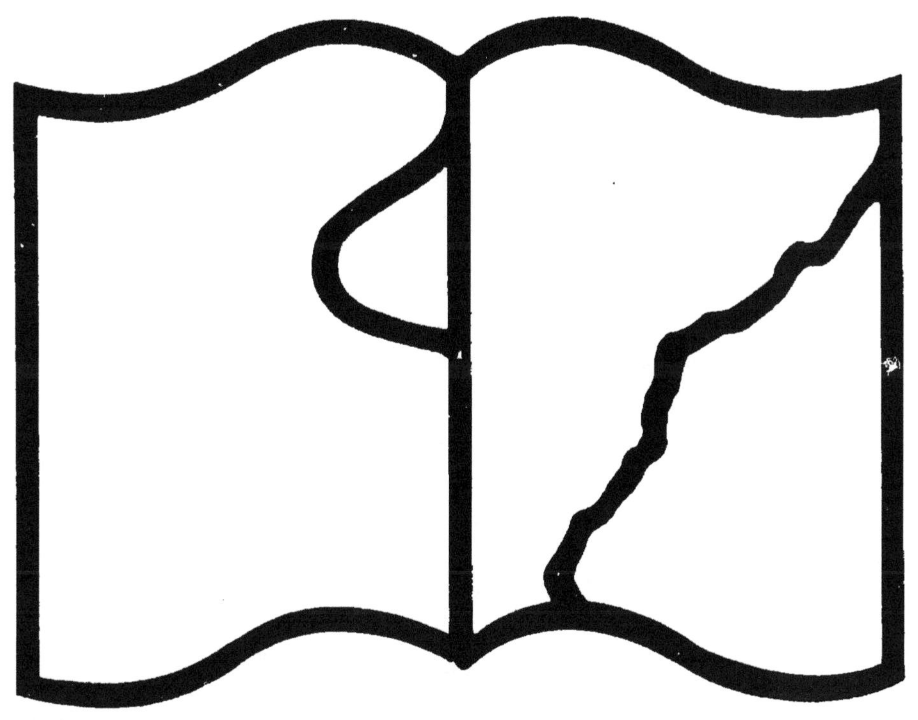

Texte détérioré — reliure défectueuse

NF Z 43-120-11

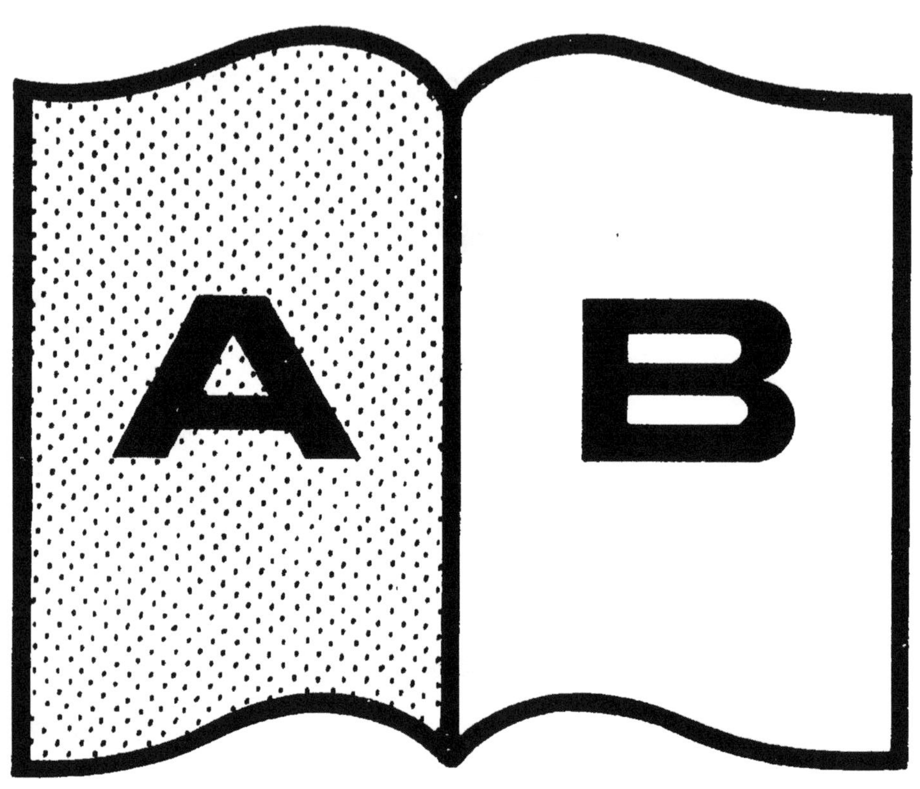

Contraste insuffisant

NF Z 43-120-14